P华夏瑰宝

POKLADY STARÉ ČÍNY

中国文物交流中心 捷中友好合作协会 布拉格城堡管理中心 编

Art Exhibitions China
Smíšená česko čínská komora vzájemné spolupráce
Správa Pražského hradu

文物出版社
Cultural Relics Press

华夏瑰宝

主办单位	中国文物交流中心 捷中友好合作协会 布拉格城堡管理中心
名誉支持	捷克共和国总统米洛什·泽曼阁下 中华人民共和国驻捷克共和国特命全权大使马克卿阁下 捷克共和国文化部
支持单位	中国国家文物局
协办单位	陕西省文物局 江苏省文物局 河北省文物局 河北省承德市文物局
参展单位	陕西历史博物馆 南京市博物馆 承德避暑山庄博物馆
展览时间	2014年8月8日～11月9日
展览地点	布拉格城堡
总 策 划	王 军
展览统筹	姚 安
展览策划	赵古山
展览执行	钱 卫
展览筹备	李天凯 冯雪 刘芃 魏杨菁 冯树东 Václav Beránek Zdeňka Fabíková Anna Langerová Helena Heroldová Petr Mrhálek 李梦 Iva Hrůzová
陈列设计	Jiří Javůrek Silvie Bednaříková (SGL PROJEKT)
展览平面设计	Jaroslav Obst
展览文字捷克语翻译	何志达
展览文字英语翻译	Simona Mike Goddard
展览宣传	Alice Princová
图录文字	钱 卫 李天凯
图录捷克语文字校对	Helena Heroldová Michal Hrubý 李梦
图录捷克语翻译	何志达
图录摄影及插图	李文怡 黄秫人 李丹

POKLADY STARÉ ČÍNY

Pořadatelé: Art Exhibitions China
Smíšená česko čínská komora vzájemné spolupráce
Správa Pražského hradu

Záštitu převzali: prezident České republiky J. E. Miloš Zeman
Zplnomocněná velvyslankyně Čínské lidové republiky v České republice J. E. Ma Keqing
Ministerstvo kultury České republiky

Podporu poskytl: Památkový úřad ČLR

Spolupořadatelé: Památkový úřad provincie Šen-si
Památkový úřad provincie Ťiang-su
Památkový úřad provincie Che-pej
Památkový úřad města Čcheng-te v provincii Che-pej

Vystavovatelé: Historické muzeum provincie Šen-si
Muzeum města Nanking
Muzeum Letního císařského paláce v Čcheng-te

Doba konání výstavy: 8.8. 2014 – 9.11.2014

Místo konání výstavy: Správa Pražského hradu

Idea výstavy: Wang Ťün

Plán výstavy: Jao An

Námět výstavy: Čao Ku-šan

Kurátor: Čchien Wej

Produkce výstavy: Li Tchien-kchaj   Feng Süe   Liou Pcheng
Wej Jang-ťing   Feng Šu-tung   Václav Beránek
Zdeňka Fabíková   Anna Langerová
Helena Heroldová   Petr Mrhálek
Li Meng   Iva Hrůzová

Architektonické řešení výstavy: Jiří Javůrek a Silvie Bednaříková (SGL PROJEKT)

Grafické řešení výstavy: Jaroslav Obst

Český překlad výstavních textů: Zdeněk Hrdlička

Anglický překlad výstavních textů: Simona a Mike Goddardovi

Propagace výstavy: Alice Princová

Texty v katalogu: Čchien Wej   Li Tchien-kchaj

Redakce textů katalogu: Helena Heroldová   Michal Hrubý   Li Meng

Český překlad textů katalogu: Zdeněk Hrdlička

Fotografie a ilustrace v katalogu: Li Wen-i   Chuang Li-žen   Li Tan

O日 录
BSAH

Z 致辞
DRAVICE

中国和捷克虽远隔万里，但两国有着传统的友好关系。近年来，中捷双方在积极发展政治和经贸关系的同时，在文化领域的交流与合作也日益加强。今年是中捷建交65周年，为增进中捷两国间的文化交流，在中国国家文物局、捷克文化部及中国驻捷克大使馆的大力支持下，中国文物交流中心与捷中友好协会合作，于2014年8月8日～11月9日在捷克布拉格城堡举办"华夏瑰宝展"。

华夏文明在世界古代文明中占有重要地位，从距今7000多年的新石器时代文化中孕育出完整、多元且未曾中断的文明，她兼收并蓄又自成一体，形成了独特的东方文化风貌。捷克素有"中欧花园"的美称，在其首都的心脏——布拉格城堡举办的"华夏瑰宝展"，包含了来自中国多家博物馆的文物精品共计90件（组），涵盖了从史前文化到明清时期的漫长历史时段，涉及日常生活、宗教信仰、礼仪制度等多个领域，展现了华夏文明的博大精深、薪火传承。

文化是一座增进中捷两国人民相互理解和沟通的桥梁。近年来，中捷两国合作举办过多次文化交流活动，如中国京剧《赤壁》、新春民族音乐会、中国现代艺术展览等都在捷克展示过中国文化的风采。本次"华夏瑰宝展"是中国赴捷克的首次文物大展，在展示中国古代文明的同时，旨在加深两国人民的相互了解与坚定彼此间的友谊。

在此，我谨代表中国文物交流中心，向为此次展览的成功举办付出辛劳的中捷两国专家和工作人员，致以诚挚的感谢。衷心地希望中捷两国的文化交流能够长久而深入地开展下去。

预祝本次展览获得圆满成功！

中国文物交流中心主任

Přestože Čínu a Českou republiku dělí tisíce mil, mají tyto dvě země tradičně přátelské vztahy. V posledních letech kromě aktivního rozvíjení politických a hospodářských styků dochází i ke každodennímu posilování spolupráce a výměny v kulturní oblasti. Letos uplynulo 65 let od navázání diplomatických styků mezi Čínou a Československem. Pro další posunutí vzájemné kulturní výměny pořádá Art Exhibitions China spolu se Smíšenou česko čínskou komorou vzájemné spolupráce pod záštitou Památkového úřadu ČLR, Ministerstva kultury ČR a Velvyslanectví ČLR v ČR ve dnech 8. 8. 2014 až 9. 11. 2014 na Pražském hradě výstavu „Poklady staré Číny".

Čínská civilizace je jednou z nejvýznamnějších mezi nejstaršími světovými kulturami. Od zrození neolitické kultury před více než 7000 lety trvá tato civilizace nepřerušeně dodnes. Do jednoho celku integruje nejrůznější prvky, díky čemuž vznikla unikátní podoba východoasijské kultury. Česká republika bývá krásně označována i jako „zahrada střední a východní Evropy" a výstava „Poklady staré Číny" pořádaná v srdci jejího hlavního města na Pražském hradě zahrnuje celkem 90 nejlepších exponátů z několika čínských muzeí, které pokrývají dlouhé historické úseky od prehistorické kultury až po období vlády dynastií Ming a Čching. Představuje nejrůznější oblasti jako každodenní život, náboženská vyznání, rituální systémy apod. a živě ukazuje hloubku čínské civilizace a její tradice.

Kultura je mostem posilujícím komunikaci a vzájemné pochopení mezi lidem České republiky a Čínské lidové republiky. V posledních letech Česká republika a Čínská lidová republika spolupracovaly na pořádání mnoha kulturních akcí, např. představení pekingské opery „Rudý útes", koncertu tradiční lidové hudby k čínským novoročním Jarním svátkům, výstavy soudobého výtvarného umění v České republice, což ukázalo to nejlepší z čínské kultury. Výstava „Poklady staré Číny", která poprvé přichází z Číny do České republiky, si spolu s představením staré dávné kultury klade za cíl i prohloubit vzájemné porozumění a posílení přátelství mezi oběma národy.

Jménem Art Exhibitions China bych chtěl vyjádřit upřímné poděkování čínským i českým odborníkům a pracovníkům, kteří přispěli k úspěšnému pořádání této výstavy. Z celého srdce věřím, že se čínsko-česká kulturní výměna bude dlouhodobě a hluboce rozvíjet.

Wang Ťün
ředitel Art Exhibitions China

5000年的探索和追求，5000年的创造，使其成为了世界最伟大、最重要的国家之一。"华夏瑰宝展"将通过历史文物展览，呈现经历了5000年历史发展而演变至今的中国现代风貌。中国将借由此次在"欧洲的心脏"、被称为"城市之母"的布拉格举办的展览向世界开放。

这是个独一无二的文物藏品展览。在捷克共和国乃至中欧范围内，它的规模之大前所未有。迄今为止，类似的展览在欧洲范围内仅在法国和德国举办过。在这个于捷克共和国而言有着重大意义，承载了捷克国家历史诸多印迹，历代捷克国王朝政、总统执政的地方，捷克最著名的名胜古迹之一的布拉格城堡里，我们有幸欣赏到这些文物——这些让收藏家、艺术爱好者和来自世界各地的游客不顾路途遥远、前来一睹为快的文物。

本次展出的藏品，为参观者提供的将不仅是对艺术作品的独特印象，还有助于人们领会艺术在中国历史发展中的角色和力量。参观者在此，犹如在穿越中国人民历经了5000年的历史旅程。这次跨越世纪的旅程，始于中华文明的源头，带领我们经过其国家雏形，直到各大王朝和皇权崛起的时代。

能够亲眼看到世界第八大奇迹的一部分，机会着实不多。因此，能够在此一睹来自西安秦兵马俑原址的真品乃三生有幸。奇特的不仅仅是这些著名的、表情各异的武士俑们，还有许多其他中国历史宝藏里非常珍贵的历史文物。通过它们，我们可以穿越到传统哲学教义形成的时期，或回到著名的，连接中国与中亚、欧洲商贸往来的丝绸之路上。除此之外，我们还能够看到皇宫里的宝藏。

因此，特别感谢中国各兄弟单位：陕西历史博物馆、南京市博物馆和承德避暑山庄博物馆，向布拉格借调了数十件历史文物展品，其中不乏稀有珍贵、价值连城的文物真品。基于它们的特殊意义，这些藏品在任何艺术和古董市场上都无从找寻。

"华夏瑰宝展"，这一捷中友好合作协会也有幸参与主办工作的展览，旨在向捷克人民和中欧人民传播过去和未来都具有世界意义的中国文化，宣扬中国历史和中国人民的精神。只有通过了解两国的历史、传统、文化、共同的基础与差异，我们两国人民才能够相互理解、深化关系、发展友谊与进一步合作。

今年是两国建交65周年。此次在布拉格举办的"华夏瑰宝展"，   同时将是我们两国之间相互理解和进一步发展友好关系道路上的一个重要里程碑。

捷中友好合作协会监事会主席
雅罗斯拉夫·德沃吉克

Pět tisíc let poznávání a úsilí, pět tisíc let tvoření a formování v jeden z největších a nejvýznamnějších světových států. Pět tisíc let dějinného vývoje, který vyústil v dnešní podobu země, představuje prostřednictvím historických artefaktů výstava „Poklady staré Číny". Čína se touto výstavou otevírá přímo v srdci Evropy, v Praze, matce měst, jak se jí často říká.

Jedná se o unikátní výstavní kolekci, která v takovémto rozsahu nebyla v České republice ani ve střední Evropě dosud představena. Něco podobného spatřili v Evropě zatím snad jen ve Francii a v Německu. Zde, na výstavě v prostorách Pražského hradu, v místě pro Českou republiku velmi významném, neboť tudy se ubírala řada kroků českých státních dějin, a v jedné z nejznámějších památek, která je po staletí sídlem českých panovníků a prezidentů, můžeme obdivovat to, za čím sběratelé, obdivovatelé umění a turisté z celého světa míří tisíce kilometrů.

Výstava má návštěvníkům nabídnout nejen jedinečný dojem z uměleckých děl, ale také pomoci uvědomit si roli a sílu umění v dějinném vývoji Číny. Návštěvníci pomyslně urazí pouť, kterou čínský lid ušel za zhruba pět tisíciletí. Cesta staletími začíná v samých počátcích čínské civilizace, zavádí nás přes první státní útvary až do období významných dynastií a vzestupu císařské moci.

Skutečně není mnoho příležitostí spatřit část osmého divu světa na vlastní oči. Proto je nesmírnou poctou a unikátní příležitostí, že je zde možnost zhlédnout i originální válečníky z naleziště terakotových bojovníků u Si-anu z období dynastie Čchin. Výjimeční nejsou ale jen tito slavní válečníci, z nichž každý má originální rysy, ale také spousta dalších velmi cenných artefaktů patřících do historické pokladnice Číny. Díky nim se můžeme přenést i do dob vzniku tradičních filozofických učení či na slavnou obchodní Hedvábnou stezku spojující Čínu se střední Asií a Evropou. Spatřit můžeme též poklady císařských paláců.

Velké poděkování proto patří předním čínským institucím, tedy Historickému muzeu provincie Šen-si, Muzeu města Nankingu a Muzeu Letního císařského palác v Čcheng-te, že do Prahy zapůjčily desítky exponátů historických uměleckých předmětů, mezi nimiž nechybí vzácné a hodnotné originály v mnoha případech astronomické hodnoty, díla, která nejsou s ohledem na jejich význam dostupná na žádném trhu s uměním a se starožitnostmi.

Výstava „Poklady staré Číny", na jejímž uspořádání se s potěšením podílí i Smíšená česko čínská komora vzájemné spolupráce, přináší lidem v České republice a ve střední Evropě poselství o čínské kultuře, jejíž význam byl a nadále i bude vždy světový, o duchu čínských dějin a čínského lidu. Jedině přes pochopení našich dějin, tradic, kultur, společných základů i odlišností se totiž naše národy mohou vzájemně chápat, prohlubovat své vztahy, rozvíjet svá přátelství a další spolupráci.

Letos je tomu už 65 let od doby, kdy byly navázány diplomatické styky mezi našimi zeměmi. Konání výstavy Poklady staré Číny v Praze je i ve světle této příležitosti důležitým milníkem na cestě porozumění a dalšího rozkvětu vzájemných vztahů obou našich zemí.

Jaroslav Tvrdík
předseda Dozorčí rady Smíšené česko čínské komory vzájemné spolupráce

亲爱的朋友们：

　　请允许我向即将举办的"华夏瑰宝展"表示我由衷的喜悦，来自中国一级博物馆的文物精品将在布拉格城堡这个标志性的空间展出。

　　"华夏瑰宝展"呈现的90件（组）中国古代珍品将向我们介绍中国上下5000年的历史进程。这是一个记录中国历史发展的独特收藏系列，这样规模的展览在捷克共和国及中欧还是首次。该展览介绍的展品一般都在其发掘地的博物馆才可以看到，比如：兵马俑或青铜礼器，这些在中国都是作为最高级别的文物。尽管中国和捷克共和国在地理上相距甚远，有着不同的文化传统，可我们还是有很多共同点，尤其是丰富的文化资源和深厚的文化底蕴，代表了人类文明的重要组成部分。这种文化的丰富性与多样性，拥有巨大的发展潜力来开辟我们两国间的文化交流与合作的广阔空间。我很高兴看到，捷中两国维系着活跃的文化互动，并有逐年上升的趋势。捷克共和国文化部将继续致力于保持这样的活跃性。

　　文化交流对国际合作的各个方面——教育、经贸或其他方面——都起到十分重要的作用。文化交流能够创造相互认识与了解的机会。

　　我们在几个月的时间里将有机会参观展览，而它也必将成为今年的文化大事件。在此，请允许我向所有为这次展览作出贡献的人们表示衷心的感谢，并祝愿展览取得圆满成功。

捷克文化部副部长

卡塔琳娜·卡丽丝多娃

Vážení přátelé,

dovolte mi, abych u příležitosti nadcházející výstavy „Poklady staré Číny" ze sbírek předních čínských muzeí vyjádřila mimořádné potěšení nad tím, že vzácné čínské artefakty budou představeny v reprezentativních prostorách Pražského hradu.

Připravovaná výstava „Poklady staré Číny" představí v devadesáti exponátech průřez velkou částí čínské historie posledních 5000 let. Jedná se o unikátní kolekci dokumentující historický vývoj Číny, která v tomto rozsahu nebyla doposud v České republice a střední Evropě představena. Na této výstavě budou představeny především exponáty, které je možné zhlédnout pouze v muzeích sídlících v místech nálezu. To je zvláště významné např. u hrobových figur nebo bronzových rituálních nádob, které jsou v Číně řazeny mezi národní památky nejvyšší úrovně. I když jsou Čína a Česká republika od sebe geograficky vzdálené a mají rozdílné kulturní tradice, máme také mnoho společného, především hojnost kulturních zdrojů a bohaté kulturní dědictví, které představuje významnou součást lidské civilizace. Takové kulturní bohatství a rozmanitost skýtají obrovský potenciál a otevírají do budoucna široký prostor pro kulturní výměnu a spolupráci mezi našimi zeměmi. Mohu s potěšením konstatovat, že vzájemné vztahy v oblasti kultury mezi Čínou a Českou republikou jsou dynamické a mají vzrůstající tendenci. Ministerstvo kultury České republiky bude usilovat o udržení této dynamiky.

Výměna kulturních hodnot je důležitá pro mezinárodní spolupráci ve všech směrech, ať již jde o spolupráci v oblasti vzdělávání, ekonomické či jiné. Výměna kulturních hodnot totiž vytváří v praxi příležitost pro vzájemné poznání a pochopení jinakosti toho druhého.

Výstava, kterou budeme mít možnost shlédnout po dobu několika měsíců, se zcela jistě stane kulturní událostí letošního roku. Dovolte mi poděkovat všem, kteří se o její konání zasloužili a výstavě popřát mnoho vnímavých návštěvníků.

Kateřina Kalistová
náměstkyně Ministerstva kultury ČR

中华民族以悠久而丰富的文化著称于世。在5000多年的历史演进中，在中国这片广阔神奇的土地上，勤劳智慧的中国各族人民奋勇进取、百折不挠，创造了独具特色的中华文化，为人类社会的文明进步作出了突出贡献。中华文化之所以能够从文明的起源，不间断地走到现在，就在于自强不息的精神，体现在她的同化力、融合力、延续力和凝聚力。她尊重其他文化和文明之间的差异，善于借鉴和学习，以平和的姿态，兼容并包，不断丰富、发展和光大，形成了多元一体的文化。人类社会每一次跃进，人类文明每一次升华，无不镌刻着文化进步的烙印。文化的力量，深深熔铸在民族的生命力、凝聚力和创造力之中。

　　适逢中捷建交65周年之际，中国文物交流中心与捷中友好合作协会、布拉格城堡管理中心合作，在闻名遐迩的布拉格城堡展厅共同举办"华夏瑰宝展"。该展向我们展现的中国古代文明遗珍，是中国人民生命繁衍的社会发展史，是财富创造的物质文明发展史，更是人类文化积累、文明传承的精神文明发展史。我希望本次展览能为捷克人民提供一次愉悦的中国文明之旅，为中捷人民的相互了解架起一座友谊之桥，为中捷文化交流史书写新的篇章。我衷心祝愿"华夏瑰宝展"圆满成功！

中华人民共和国驻捷克大使
马克卿

Čínský národ je znám svojí dlouhou a bohatou kulturou. Během více než pěti tisíc let své historie usilovali na tajemstvím opředeném čínském území pracovití a moudří příslušníci všech zdejších národů o odvážnou cestu vpřed, aniž by se jí kdy vzdali. Stvořili tak unikátní čínskou kulturu, jež se výrazně zapsala do dějin lidstva. To, že čínská kultura mohla od svého civilizačního úsvitu bez přerušení kráčet až po dnešní den, je snad dáno jejím duchem, jenž usiluje o neutuchající cestu vpřed. To se projevuje v soudržnosti, kontinuitě, schopnosti přijímat a integrovat. Je to i kultura, jež respektuje své rozdíly vůči ostatním kulturám a civilizačním okruhům. Od těch se snaží učit a neagresivním způsobem je zahrnovat a neustále tak přispívat k její bohatosti, rozvoji a věhlasu, a tím tak vytvářet rozmanitou ale zároveň jednotnou kulturu. Kultura a její rozvoj vrývá svůj otisk do každého dalšího kroku lidské společnosti, do každého dalšího civilizačního vzestupu. Hluboce se promítá i do vitality národa, jeho soudržnosti a tvořivosti.

Art Exhibitions China, Smíšená česko čínská komora vzájemné spolupráce a Správa pražského hradu společně uspořádaly u příležitosti 65. výročí navázání diplomatických vztahů mezi Československem a Čínou ve výstavních prostorách slavného Pražského hradu výstavu Poklady staré Číny. Ta nás seznamuje s poklady starobylé čínské civilizace, které jsou zároveň i součástí historie života čínských lidí a jejich společnosti. Je to historie nejen materiální složky civilizace, ale i duchovního dědictví shromážděného a postupně předávaného během celého vývoje lidstva a jeho kultury. Doufám, že tato výstava bude pro české lidi příjemným výletem do čínského civilizačního okruhu a že se stane mostem vzájemného porozumění mezi oběma zeměmi i novou kapitolou v knize historie našich kulturních vztahů. Srdečně přeji výstavě Poklady staré Číny vše nejlepší!

Ma Keqing
velvyslankyně ČLR v ČR

文明载体　世之瑰宝

——"华夏瑰宝展"概述

中国文物交流中心　钱卫

中国是一个古老的国度，在世界四大文明古国中，唯有中国文明未曾中断、延续至今。上下5000年的中华文明，孕育了中华文化的博大精深。在中华大地辽阔的疆域里，至今已发现多处猿人时期的遗迹。大量考古资料证明，中华大地也是人类诞生的摇篮之一。

中国古代文物是历史和文化的载体，它从不同的侧面记录了中华民族的文明史。"华夏瑰宝展"从中国的陕西、江苏、河北的文博单位精心挑选了自新石器时代至清代中国主要历史时期出土的各类文物，包括陶器、青铜器、玉石器、瓷器、金银器、丝织品等近百件珍品。这其中既有享誉世界、闻名遐迩的秦俑等出土文物，又有工艺高超、精美绝伦的皇家收藏。展览根据中华文明发展脉络，特别策划了"华夏伊兴　礼乐定制"、"汉唐盛世　海纳百川"、"明清宫廷　文化传承"三部分进行展示，以利于观众更好地了解中华传统文化的博大精深。

中国于公元前21世纪至前16世纪步入青铜时代，历经夏、商、周三个朝代，约1500余年。"国之大事，在祀与戎"，这一时期祭祀、宴乐等礼仪活动是当时社会政治生活的重要组成部分。因此，出现了大量统治阶层用于礼仪场合的青铜礼器。它们以独特的功能、繁多的种类、各异的造型、华丽的纹饰、丰富的铭文、精美的制作，而著称于世。因此，中国古代青铜器在世界文明史上占有重要的地位。

陶俑作为随葬品，出现于青铜时代晚期。这时候王侯贵族逐渐改变了过去以人和车马殉葬的传统，而以陶俑随葬。秦汉时期的陶俑以秦兵马俑最为著名，秦始皇是第一个统一中国的皇帝。1974年秦陵的陪葬坑被偶然发现，从此，一个埋藏了2000多年的地下军阵被挖掘出来。出土的如同真人、真马大小的各类陶兵马俑8000余件，排列成阵，气势壮观，被誉为"世界第八奇迹"。汉以后，随着丧葬制度世俗化，又出现了许多反映贵族生前宴乐场面的乐舞俑、百戏俑以及服侍陶俑等，人物塑造生动形象。到唐代，一种低温釉陶器"唐三彩"开始盛行。它在烧制时，在色釉中加入不同的金属氧化物，从而形成浅黄、赭黄、浅绿、深绿、天蓝、褐红、茄紫等多种色彩，但多以黄、褐、绿三色为主。唐三彩就是在色彩的相互辉映中，彰显出堂皇富丽的艺术魅力。由于唐代经济、文化繁荣，盛行厚葬，唐三彩成为当时殉葬用最常见的明器，主要流行于长安和洛阳两地。它的种类很多，尤以人物和动物形象最多，展出的几件陕西出土的三彩俑造型生动逼真、色泽艳丽，富有生活气息，在雕塑方面达到了极高的艺术水平。

玉器，作为中国古代文化宝库中的又一瑰丽遗产，以其精美绝伦、巧夺天工而享誉世界。中国玉文化源远流长，早在新石器时代晚期，玉器的制作就可能已发展为独立的手工业部门。中国古代玉器按用途主要有玉制工具、礼器、佩饰、丧葬用和玩赏玉器等，玉礼器主要指古代用于宗教祭祀及国家大典上的玉器。玉佩饰是死者生前佩戴的装饰玉器。"古之君子，必佩玉"，它是一种习俗，也是身份、地位的标志。葬玉，主要是用于随葬的玉器，古人认为以玉殓葬，能够保护尸体。玩赏陈设用玉器，在明清宫廷大量拥有，作为御赏珍玩，无不寓意吉祥，制作精巧。

瓷器的发明是中国对人类的又一贡献，早在3000多年前的商代早期，中国就出现了原始青瓷。到东汉中晚期，青瓷发展到成熟阶段。又经过千年的演变，瓷器的烧造不断发展、丰富。宋代有著名的"五大名窑"，元代有崛起的景德镇窑，其烧制的青花瓷，成为后来明清的主要瓷器品种，具有划时代的意义。明清时期，中国的制瓷业得到了更全面的发展。特别是清代康熙、雍正、乾隆三朝，瓷器烧造的数量和质量都达到了历史最高水平，出现了大量彩瓷，品种繁多，色彩艳丽。展出的瓷器大多是明清时期瓷器中的珍品。

在中国古代服饰史上，最为富丽娇艳的是妇女服饰。不同历史时期的妇女服饰林林总总，美不胜收。此次展出的明清服饰，多为金、玉、宝石类制品，不仅材质珍贵，而且制作精细。特别是出土于明代贵族墓的几件金饰品，采用花丝工艺，用细金丝编织，堆垒成首饰，显得玲珑剔透，精细而华贵，颇具皇家气派。展的几件清代帝后服饰，则可以使人们从中感受到中国古代织绣工艺的精湛技艺。

悠久的历史和灿烂的古代文明为中华民族留下了丰富的文化财富，这些古老的文明载体，曾经在千古华夏文明的历史中浩繁一时。希望摆在我们面前的这些华夏瑰宝能够成为中捷友谊的友好使者，使两国文化在相互影响中实现交流，共同促进人类文明发展的进程。

NOSITELÉ KULTURY, POKLADY SVĚTA

——popis výstavy „Poklady staré Číny"

Art Exhibitions China   Čchien Wej

Čína je starobylou zemí a jako jediná ze čtyř starověkých civilizací trvá bez přerušení dodnes. Před 5000 lety dala vzniknout civilizaci, která je nejen bohatá a veliká, ale i hluboká a jedinečná. V rámci jejího rozlehlého území bylo nalezeno i několik míst s ostatky člověka pekingského (Homo erectus pekinensis). Mnohé archeologické materiály pak dokazují, že čínské území bylo jednou z kolébek lidstva.

Památky ze staré Číny jsou historickým a kulturním médiem, které z různých stran zaznamenaly historii čínských národů. Výstava Poklady staré Číny shromáždila téměř stovku nejrůznějších památek z hlavních historických období od neolitu až po dobu vlády dynastie Čching včetně keramiky, bronzů, nefritu, porcelánu, zlata, stříbra a hedvábí, pečlivě vybraných několika muzejními institucemi z provincií Šen-si, Ťiang-su a Che-pej. Jsou mezi nimi i světově proslulé archeologické objevy jako hrobové figury vojáků prvního čínského císaře a zakladatele dynastie Čchin, stejně tak jako krásné, technicky špičkové předměty z císařských sbírek. Výstava je pak ukazuje dle časové osy vývoje čínské civilizace ve třech oddílech: počátky čínské civilizace, bohatství a moc dynastií Chan a Tchang a dvůr dynastií Ming a Čching tak, aby diváci snadněji porozuměli bohatosti, velikosti, hloubce i jemnosti čínské tradiční kultury.

V období 21.-16. století př. n. l. se Čína nacházela v době bronzové, kdy ji po cca 1500 let ovládaly tři dynastie: Sia, Šang a Čou. „Významné státní záležitosti tkví v obřadech a válečnictví". Šlo tak o období, kdy obřady jako obětování a bankety tvořily významnou složku společenského i politického života. A proto bylo nalezeno veliké množství bronzových předmětů používaných vládnoucími vrstvami k obětním obřadům. Jejich specifické funkce, veliké množství, různost tvarů, dekorativní ornamenty, bohatství nápisů a jedinečné zpracování je proslavily po světě. I z těchto důvodů zaujímají bronzy čínského starověku významné postavení v historii lidské civilizace.

Terakotové figury byly pohřebními předměty, které se začaly vyskytovat v pozdní době bronzové. Tehdy se změnil zvyk společných pohřbů lidí a koní šlechticů na ukládání hrobových terakotových figur. Mezi terakotovými figurami z období vlády dynastií Čchin a Chan byly nejznámější hrobové figury vojáků a koní prvního čínského císaře a zakladatele dynastie Čchin, který byl prvním císařem, jenž sjednotil Čínu. Jámy s hrobovou výbavou byly u jeho čchinské hrobky náhodou objeveny v roce 1974, kdy byla vykopána armáda, jež se v podzemí skrývala přes 2000 let. Bylo objeveno více než 8000 kusů nejrůznějších terakotových figur lidí a koní v životní velikosti, seřazených v útvarech a s tak živými gesty, že začaly být nazývány osmým divem světa.

Po skončení vlády dynastie Chan, kdy se toto spolupohřbívání rozšířilo, se objevilo mnoho terakotových figur tanečnic a hudebníků, herců a služebnic, jež odrážely pozemský život aristokracie. Při jejich vypalování bylo třeba do glazury vkládat různé oxidy kovů tak, aby se docílilo žluté okrové, světle zelené, tmavě zelené, modré, hnědočervené, lilkově fialové a jiné polychromatické barvy, většinou na bázi žluté, hnědé, či zelené. Tyto tři barvy charakteristické pro období vlády dynastie Tchang ve vzájemné kombinaci dosahovaly majestátní umělecké krásy. Majestátní pohřby jsou dokladem hospodářského a kulturního rozkvětu tohoto období. Na hrobových předmětech pak nejčastěji nacházíme právě tyto tři barvy, které byly nejpopulárnější v oblasti Čchang-anu   a Luo-jangu. Typů terakotových figur bylo mnoho, nejvíce vyobrazují lidi a zvířata. Několik vystavených exemplářů nalezených v provincii Šen-si je charakteristických živými tvary a jasnými barvami, ze kterých čiší život, a které ze sochařského hlediska dosahují té nejvyšší umělecké úrovně.

Nefrity jsou další krásnou památkou v pokladnici starověké čínské kultury. Ve světě se proslavily především svou jedinečnou elegancí a krásou. Čínská historie používání nefritů je dlouhá a začíná v pozdním neolitu, kdy se již výroba nefritů rozvinula do samostatného odvětví. Hlavními směry využití nefritů v Číně byly nástroje, obřadní předměty, šperky, pohřební předměty, ozdobné nefrity apod. Obřadními nefrity se především myslí nefritové předměty používané ve starověku k náboženským obětem nebo státním obřadům. Nefritovými šperky pak označujeme nefritové ozdoby, které se nosily za života. Jak praví staré rčení: „dávní šlechetní mužové nefrity nositi museli", šlo nejen o zvyk, ale i o vyjádření postavení. Pohřebními nefrity se pak myslí nefritové předměty, s nimiž se mrtví pohřívali, neboť lidé se v minulosti domnívali, že pohřbení s nefrity dokáže ochránit tělo zemřelého. Nádherně řezané okrasné nefrity byly velice oblíbené na dvorech dynastií Ming a Čching .

Vynález porcelánu je jedním z příspěvků Číny lidstvu. První primitivní porcelán se objevil v době vlády dynastie Šang před třemi tisíci lety. Ke konci doby vlády dynastie východních Chanů se do zcela vyspělé fáze již dostala technologie výroby tak zvaného seladonového porcelánu. Během dalších tisíc let vývoje se pálení porcelánu neustále rozvíjelo a obohacovalo. V době vlády dynastie Sung již bylo „Pět velkých porcelánových dílen", k nimž v době vlády mongolské dynastie Jüan přibyl Ťing-te-čen, kde se dělal především modrobílý porcelán, který se pak v době vlády dynastie Ming a Čching stal hlavním typem s epochálním významem. V době vlády dynastií Ming a Čching se čínské odvětví výroby porcelánu mohutně rozvíjelo, zvláště pak za císařů Kchang-si, Jung-čenga a Čchien-lunga. Tehdy dosáhla výroba porcelánu historicky nejvyšší úrovně, ať již z hlediska množství, či kvality. Ve velkém se začal objevovat nejen barevný porcelán, ale i množství druhů s krásnými malbami. Většina z vystavovaných porcelánových předmětů představuje právě to nejlepší z tohoto období.

V historii čínského odívání jsou nejkrásnější dámské oděvy a šperky. V různých historických dobách se objevovaly nejrůznější nádherné oděvy a šperky. Na této výstavě je ukázáno několik typů oděvů a šperků z období vlády dynastie Ming a Čching zdobených zlatem, stříbrem, nefrity, perlami a drahokamy. Nejde pouze o drahé materiály, ale i o vynikající řemeslnou práci, zejména pokud jde o zlaté předměty objevené v hrobkách aristokracie z doby vlády dynastie Ming. Řemeslná úroveň mingských zlatníků se proti předchozím obdobím významně posunula. Začaly se objevovat drátkovací techniky, kdy se ze zlatých, či stříbrných drátků tkaly dekorativní předměty, které mohly sloužit i jako samostatné šperky, a které se vykládaly perlami, či drahokamy tak, že pak působily elegantně, jemně a luxusně. Řemeslná zručnost zlatníků dosahovala vysoké úrovně nesoucí císařskou atmosféru. Z několika vystavených oděvů císařoven z dynastie Čching lze pocítit jedinečnou úroveň řemesla výšivky ve staré Číně.

Dlouhá historie a nádhera starodávné civilizace je kulturním bohatstvím zanechaným národy Číny. Zprostředkovává nám skvělé momenty z tisícileté historie této staré civilizace. Výstava divákům umožňuje nejen pocítit kouzlo čínských kulturních památek, ale dá jim nahlédnout i do dlouhé historie této země, stejně tak jako i do hloubky její kultury. Doufám, že se tyto národní poklady budou moci stát poslem čínsko-českého přátelství, které přispěje ke vzájemné kulturní výměně obou zemí, čímž dojde k posílení rozvoje lidské civilizace.

Ú 序 言
VOD

　　遥远的东方有一群人、黑眼睛黑头发黄皮肤，他们全都是龙的传人——大量考古资料证明，中华大地也是人类诞生的摇篮之一、人类的祖先很早以前就在此繁衍生息。

　　在漫长的历史长河中，中华文明是人类文明史上唯一没有中断而延续至今的古老文明。从新石器时代晚期出现的文明曙光到夏、商、周时期建立早期国家，从秦、汉时期建立的大一统帝国，到唐、宋、元、明、清的历朝历代，多元一体的中华文明源远流长。

　　中国古人相信人死后灵魂还会在另一个世界像活人一样继续生活，故"事死如生"，具备雄厚物质基础的王侯将相和贵族，不但尽量将活着的时候所用的工具、物品纳入墓中，甚至将军队、侍从、房屋、田地、家禽、牲畜等也制成模型，作为明器随葬，给我们遗留下来大量的文物瑰宝。

　　本展从陕西历史博物馆、南京市博物馆、承德避暑山庄博物馆选取文物约90件（组），让观众在探索宝藏奥秘之时，初步领略华夏文明曙光、汉唐帝国盛世、明清文化传承等中华文明的重要历史时期的艺术风格和民俗民风，以及明清时期的帝王生活。

Na dalekém východě byla skupina lidí s černýma očima, černými vlasy a žlutou pletí. To všechno byli pokračovatelé tzv. dračí tradice. Jak ukazuje velké množství archeologických objevů, patří území Číny mezi jednu z kolébek lidstva, kde již kdysi vzkvétala starobylá civilizace.

Nejstarší pozůstatky prvního člověka vzpřímeného, takzvaného člověka jüanmouského (Homo erectus yüanmouensis), na území dnešní Číny byly objeveny v provincii Jün-nan a pocházejí z doby před 1,7 miliony lety. Pozůstatky Homo sapiens byly nalezeny v provinciích Chu-pej, Šan-si, Kuang-tung, S´-čchuan a pochází z doby od 10 000 do 100 000 let, kdy Čína vstoupila do neolitu. Na jeho konci porazil Žlutý císař (2717-2599 př. n. l.) v roce 2679 př.n.l. kmenového vůdce Čch´-jou, sjednotil jednotlivé kmeny v oblasti čínské centrální planiny a stal se vedoucím čínského kmenového svazu. Státní správu založil na systému jmenovaných úřednických pozic. Začal rozvíjet zemědělství a výrobu a je považován za vynálezce čínského oděvu, hudebních stupnic, písma, dopravních prostředků, astronomického kalendáře, lékařství atd.

Aby dosáhl úzké jednoty mezi kmeny, vytvořil Žlutý císař z jejich jednotlivých totemů jediný totem ke společnému uctívání, který zobrazoval draka. Ten spojoval vzhled koňské hlavy, hadího těla, lvího ocasu, rybích šupin, jeleního paroží, krokodýlích nohou, orlích drápů atd, stejně tak jako jejich sílu a blahodárnou moc a stal se prvopočátečním totemem čínských národů.

Podle legendy králové Jao, Šun a Jü stejně jako panovníci dynastií Sia, Šang a Čou byli jeho potomky. A z tohoto důvodu bývá Žlutý císař považován za společného prapředka veškerých čínských národů a je to také důvod, proč jsou Číňané označováni za „potomky draka".

V dlouhé a pomalé řece historie je čínská civilizace jedinou starověkou civilizací, jejíž trvání nebylo dodnes přerušeno. Jde tak od vzniku civilizace v pozdním neolitu přes rané státní útvary v období Sia, Šang, Čou, vzniku velkého sjednoceného císařství v době vlády dynastie Chan až po historické dynastie Tchang, Sung, Jüan, Ming, Čching o dlouhou historii čínské civilizace, která neustále integrovala rozmanité prvky.

Staří Číňané věřili, že jejich duch bude žít v posmrtném světě, kde povede život podobný lidskému, čemuž se někdy říká „smrt jako zrození", a tak si bohatí králové a šlechtici do hrobu brali nejen nástroje a věci, které používali během svého života, ale nechávali si přetvářet celé armády, služebnictvo, domy, pole, drůbež či dobytek do modelů, se kterými byli spolupohřbíváni, čímž nám zanechali velké množství kulturních pokladů.

Pro tuto výstavu bylo vybráno více než 90 kusů památkových předmětů z Historického muzea provincie Šen--si, Muzea města Nanking a Muzea Letního císařského paláce v Čcheng-te. Diváci tak mají možnost během objevování tajemství těchto pokladů v krátkosti nahlédnout na umění a lidové zvyky významných historických etap, jako byl úsvit čínské civilizace, vrcholné období císařství dynastií Chan a Tchang, kulturu dynastie Ming a Čching, nebo císařský život tohoto období.

华夏伊兴　礼乐定制

VZNIK ČÍNSKÉ CIVILIZACE, USTAVENÍ RITUÁLŮ

距今1万年左右，中国进入新石器时代。仰韶文化因1921年首先发现河南省渑池县仰韶村而得名，是黄河流域重要的新石器时代文化。公元前21世纪后，中国进入奴隶社会，奠定了多民族国家的基础。

　　Asi před 10 000 lety vstoupila Čína do neolitu. Tzv. Jangšaoská kultura byla pojmenována podle objevu z roku 1921, učiněného ve vsi Jang-šao, ležící v okrese Mien-čch´ v provincii Che-nan. Jde o významnou neolitickou civilizaci v povodí Žluté řeky.

S 远古文明
STAROVĚKÁ CIVILIZACE

中国最早的陶器出现于新石器时代早期，最初被用作烹饪和存储的工具。2012年在江西省仙人洞发现的陶罐碎片，是最古老的陶制容器，距今约2万年。距今9000年左右，完成了陶器的发明和探索。距今约7000～5000年的仰韶文化，是我国新石器时代彩陶最丰盛繁华的时期。展出的仰韶文化器物，是新石器时代早期文化的遗存；造型优美、图案绚丽的彩陶，既反映了当时的社会生产力，又体现着人们对美的渴望和追求。

Nejstarší čínská keramika se objevila v neolitu a byla zprvu používána jako nástroj na vaření a skladování. V roce 2012 byly v jeskyni Sien-žen v provincii Ťiang-si nalezeny fragmenty nejstarší keramické nádoby ve stáří cca 20 tisíc let. Asi před devíti tisíci lety již byl proces experimentování s materiálem na výrobu keramiky ukončen. Období kultury Jang-šao před sedmi až pěti tisíci lety bylo charakteristické bohatstvím neolitické barevné keramiky. Vystavené předměty z kultury Jang-šao patří mezi nejstarší nálezy neolitických kultur. Jde o barevnou keramiku krásných tvarů a nádherných vzorů, která odráží nejen výrobní schopnosti tehdejší společnosti, ale i její potřebu estetického cítění.

姜寨遗址复原图——陕西历史博物馆模型
Vyobrazení rekonstrukce naleziště v Ťiang-čaji - model
Historického muzea provincie Šen-si

姜寨遗址简介
ARCHEOLOGICKÉ NALEZIŠTĚ ŤIANG-ČAJ

　　姜寨遗址为中国黄河中游地区新石器时代以仰韶文化遗存为主的遗址，位于陕西省西安市临潼区临河北岸，1972～1979年发掘，属半坡类型（母系氏族公社）的原始聚落遗迹。姜寨遗址面积约5万平方米。1972至1979年间，西安半坡博物馆和临潼区文化馆合作，进行了11次大规模发掘，揭露面积1.658万平方米，是迄今中国新石器时代聚落遗址中，发掘面积最大的一处。该遗址仰韶文化堆积由下到上依次为半坡类型、史家类型、庙底沟类型和半坡晚期类型（或称西王村类型）。

　　姜寨遗址的发掘为研究关中地区仰韶文化的发展序列提供了重要依据；揭露了半坡类型的一处聚落遗址，其保存之完好，布局之清晰是前所未有的；发现的大量遗迹、遗物，揭示了仰韶文化诸方面的内容。

Neolitická lokalita Ťiang-čaj je hlavním místem, kde se v oblasti středního toku Žluté řeky v Číně dochovaly pozůstatky kultury Jang-šao. Nachází se na severním břehu řeky Lin ve čtvrti Lin-tchung města Si-an v provincii Šen-si, kde byly v letech 1972-1979 odhaleny pozůstatky kmenového sídla stejného typu jako u vesnice Pan-pcho (šlo o matriarchální společnost). Celková rozloha naleziště je 50 tisíc metrů čtverečních. V letech 1972 až 1979 pak za spolupráce Muzea Pan-pcho města Si-anu a Domu kultury městské čtvrti Lin-tchung pod vedením pana Kung Čchi-minga a jeho kolegů došlo k jedenácti velkým objevům s celkovou odkrytou plochou 16 580 metrů čtverečních. Z hlediska čínských neolitických sídel jde o největší odhalené naleziště.

Vykopávky z tiangčajského naleziště poskytly významné důkazy pro porozumění posloupnosti vývoje kultury Jang-šao v oblasti Kuan-čung. Zcela bezprecedentně zde bylo odhaleno uceleně dochované sídlo typu Pan-pcho s jasným půdorysem a s velkým množstvím památek a předmětů, které nám pomohly porozumět mnoha aspektům kultury Jang-šao.

尖底陶瓶
新石器时代
高44、口径6厘米
1954年陕西省宝鸡市北首岭出土
陕西历史博物馆藏

Keramická váza
Výška 44 cm, průměr hrdla 6 cm
Neolit, kultura Jang-šao (5000-3000 př . n. l.),
nalezeno Pej-šou-ling. Provincie Šen-si
Historické muzeum provincie Šen-si

汲水器。是仰韶文化（约公元前5000～前3000年）的典型器之一。器物为小口，短颈，鼓腹，尖底，腹部两侧一对环耳用于穿绳，腹部饰以细绳纹。

Nádoba na vodu, typického tvaru: malé krátké hrdlo, bubnovité tělo a špičaté dno. Ucha po obou stranách sloužila k uvazování provazu, aby bylo možné nádobu ponořit do vody a vodu snadno nabrat. Tělo je ozdobeno otiskem textilní šňůry.

陶 罐口沿卷唇，鼓腹，平底，腹上部四侧有四个半环形耳，用以穿绳。

Keramická nádoba s ovaleným okrajem, kulovitým tělem a rovným dnem. Na těle jsou čtyři půlkruhová ucha sloužící k uvazování.

四系陶罐
新石器时代
高11、口径8厘米
陕西省临潼县姜寨遗址出土
陕西历史博物馆藏

Hliněná nádoba se čtyřmi uchy
Výška 11 cm, průměr hrdla 8 cm
Neolit
Pochází z naleziště Ťiang-čaj (4600-3000 př. n. l.)
Historické muzeum provincie Šen-si

人面鱼纹彩陶盆

新石器时代

高16、口径41厘米

陕西省临潼县姜寨遗址出土

陕西历史博物馆藏

**Hliněná mísa s antropomorfním
a rybím dekorem**

Výška 16 cm, průměr hrdla 41 cm

Neolit, kultura Jang-šao

Pochází z naleziště Ťiang-čaj (4600-3000 př. n. l.)

Historické muzeum provincie Šen-si

由细泥红陶烧制而成，口沿上装饰黑红相间的条纹。盆内壁用赭色绘出一组对称的人面鱼纹和一组鱼纹。彩陶是在陶器表面以红黑赭白等色作画后烧成，因而彩画不易脱落。

Vyrobeno z jemné hlíny vypálené do červena. Na lemu je dekor červených a černých pásů. Na vnitřní straně nádoby jsou vyobrazeny ryby a masky ve tvaru ryb a lidských obličejů v okrové barvě. Barevná keramika byla vypalována až po nanesení barev (červené, černé, okrové, bílé) na její povrch.

泥 质红陶饰以黑彩，口
沿下颈部绘四组交叉
十字环绕，其下方绘放射
状直线一周，器物腹部绘
变形鱼纹。

Terakotová keramika s černým
dekorem. V zúžené části pod
hrdlem leží geometrický dekor
v podobě křížů a rovných čar. Na
nejširším místě těla nádoby je
dekor ryb.

彩陶罐
新石器时代
高14.5、口径10厘米
征集
陕西历史博物馆藏

Hliněná malovaná nádoba
Výška 14,5 cm, průměr ústí 10 cm
Neolit
Historické muzeum provincie Šen-si

V 邦国初立

ZNIK PRVNÍCH STÁTNÍCH CELKŮ

公元前21世纪，中国历史上第一个王朝——夏王朝建立，中国进入文明时代。历经夏、商、周三代，形成以血缘关系为纽带的分封制和嫡长子继承制。三代的主要区域由黄河中下游逐步扩大至长江流域和华南地区。商周时期的政治制度、经济形态尤其是伦理精神以及青铜铸造技术，充分展示了中国早期文明的特征。陕西作为周王朝的统治中心，拥有丰富的遗存、遗物。陕西发现的大量青铜器、玉器，不单纯是生活用具、装饰物品，而且是贵族阶层维护统治的各种制度的载物质体。

V 21. století př. n. l. se ustavila první královská dynastie v čínské historii, dynastie Sia, s níž Čína vstoupila do období civilizace. Během vlád dynastií Sia, Šang a Čou se ustavil řád, kdy se udělování lén řídilo primogeniturou a pokrevními vztahy. Hlavním územím těchto tří dynastií se rozkládalo od středního a spodního toku Žluté řeky až k povodí Dlouhé řeky a jižním částem Číny. Politický systém a hospodářství během vlády dynastií Šang a Čou se zakládalo na etickém duchu a na technologii odlévání bronzů, což jsou základní charakteristiky rané čínské civilizace. Dnešní provincie Šen-si se nachází v místech tehdejších center moci, a jsou zde tedy bohatá archeologická naleziště. V provincii Šen-si bylo nalezeno velké množství bronzů, nefritů, které byly nejenom každodenními potřebami nebo šperky, ale i symboly materiální úrovně majitele a jeho hierarchického postavení v daném politickém systému.

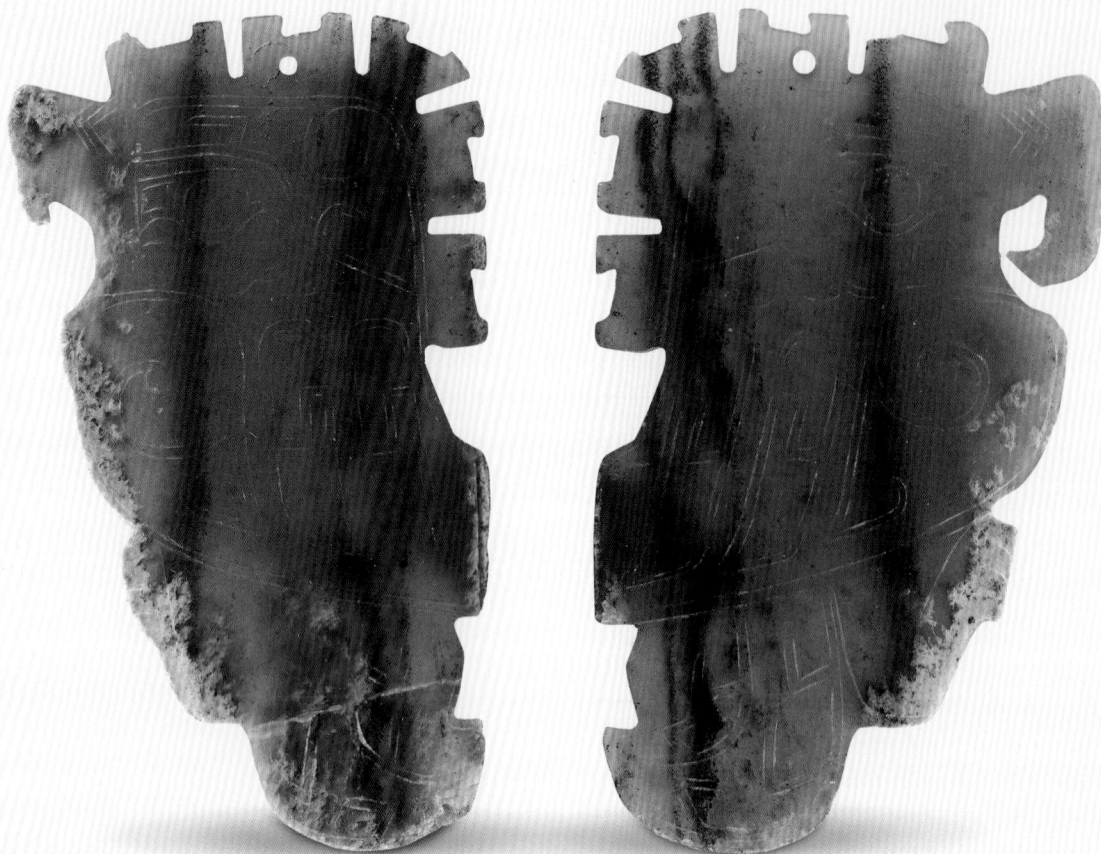

佩 饰。同出两件，大小、形状、纹饰相同，可以拼合到一起。碧玉质，扁平片状，为鹦鹉侧面形象。两面俱用细双阴线雕琢纹饰，头上边缘用凸齿来表现鹦鹉的高冠，尾羽上雕琢长弧线和折线，鸟腿前屈，雕琢细腻，形象生动。

Přívěsné ozdoby v páru, které jsou si svoji velikostí, tvarem a dekorem podobné, lze chápat jako jeden celek. Jedná se o nefritové destičky zobrazující profil papoušků. Řezaná strana je zcela rovná, protilehlá strana je hrbolatá. Dekor je řezán tzv. dvojitou jangovou linkou (tzv. negativní řezba). Po stranách hlavy papouška jsou vystouplé zoubky, které zobrazují chochol, ocas je tvořen linkami dlouhého oblouku a přerušovanými čarami. Nohy ptáčků míří vpřed. Jedná se o jemnou a živou řezbu.

鸟形玉佩
商代（公元前1600~前1046年）
高7.9、宽4.9厘米
1972年陕西省扶风县刘家村西周丰姬墓出土
陕西历史博物馆藏

Pár nefritových přívěsků ve tvaru ptáčků, zřejmě náušnic nebo přívěsků na opasek

Výška 7,9 cm, šířka 4,9 cm
Dynastie Šang (1600-1046 př. n. l.)
Nalezeno roku 1972 v hrobce paní Feng v lokalitě Liou-ťia--cchun u města Pao-ťi
Historické muzeum provincie Šen-si

饮酒器，也用作礼器。口部和底部都呈现为喇叭状，器物表面装饰中国古代青铜器上常用的装饰纹样——雷纹。

Nádoba na pití alkoholu, která byla zároveň předmětem používaným při obřadech. Má typický tvar se štíhlým tělem a široce rozevřeným ústím. Spodní část nádoby je též široká. Nádoba je zdobena tak zvaným hromovým vzorem *lej-wen*, který je na starověkých čínských bronzech velmi častý.

铜觚
商代（公元前1600~前1046年）
高26、口径14.4厘米
征集
陕西历史博物馆藏

Bronzová nádoba typu *ku* určená k pití alkoholických nápojů
Výška 26 cm, průměr ústí 14,4 cm
Dynastie Šang (1600 – 1046 př. n. l.)
Historické muzeum provincie Šen-si

盛 烹煮肉食的器皿，因在祭祀和宴飨等礼仪场合盛放肉食，后发展成最主要的青铜礼器。西周中期以后，鼎的使用逐渐制度化，按使用者的等级地位规定使用的数量。此鼎为西周早期常见的方槽形鼎。口沿饰双龙纹并以雷纹为底纹，龙纹下饰多组乳丁纹，四个柱形足上部均饰兽面纹。

Nádoba na vaření masových pokrmů. Zároveň se jedná o jeden z nejvýznamnějších typů bronzových rituálních nádob. Při obřadech obětování či banketech se užívala na podávání masných pokrmů. Od poloviny období vlády dynastie západních Čou se používání nádob typu *ting* postupně formalizovalo tak, že byl např. dle postavení uživatele předepsán počet těchto nádob, který směl být použit.
Tento konkrétní *ting* je představitelem hranaté formy typické pro rané období Čou.

铜方鼎
西周（公元前1046~前771年）
高23、长18.1、宽14.5厘米
1982年陕西省长安县花园小村出土
陕西历史博物馆藏

Bronzová rituální nádoba *ting*
Výška 23 cm, délka 18,1 cm, šířka 14,5 cm
Období Západní Čou (1046–771 př. n. l.)
Nalezeno roku 1982 v lokalitě Chua-yüan siao-cchun v okrese Čchang-an u Si-anu
Historické muzeum provincie Šen-si

炊 器。可分为两部分，下半部称"鬲"，用于盛水，上半部称"甑"，两者之间有镂空的箅子相隔，用来放置食物，以蒸汽蒸炊食物。此甗为甑鬲连体，器表饰夔龙纹，下部饰兽面纹，器体厚重。

Nádoba se dělí na dvě části: spodní část zvanou ke, do níž se dávala voda, a horní část zvanou ceng (pařák). Tyto dvě části jsou odděleny roštem, na který se vkládaly potraviny, ze kterých se připravovaly pokrmy vařené v páře.
Nohy nádoby jsou zdobeny dekorem masky fantastického zvířete.

铜甗
西周（公元前1046~前771年）
高48.5、口径31.1厘米
1991年陕西省扶风县出土
陕西历史博物馆藏

Bronzová nádoba typu jen
Výška 48,5 cm, průměr ústí 31,1 cm
Období Západní Čou (1046–771 př. n. l.)
Nalezeno v roce 1991 v okrese Fu-feng u města Pao-ťi v provincii Šen-si
Historické muzeum provincie Šen-si

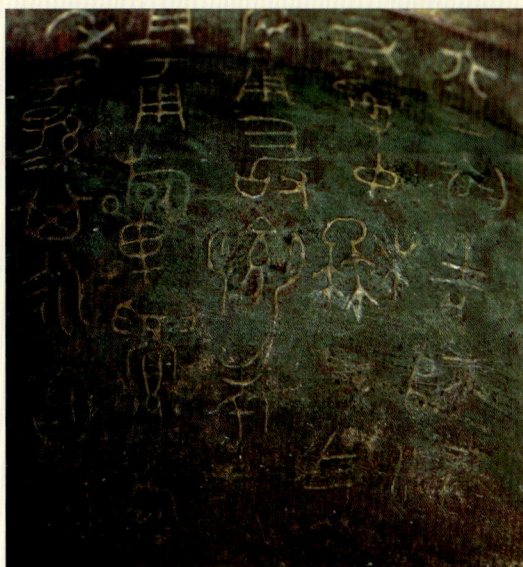

铜方座白簋

西周（公元前1046~前771年）

高21、口径18.3厘米

征集

陕西历史博物馆藏

Bronzová rituální nádoba *kuej* na obětiny

Výška 21 cm, průměr ústí 18,3cm

Období Západní Čou (1046–771 př. n. l.)

Historické muzeum provincie Šen-si

盛放饭食的器皿。商代早期出现以后，逐步成为青铜礼器序列中一种主要器物。至西周中期，簋的使用逐渐制度化，按照使用者的身份等级严格规定使用的数量。此器通体以斜方格为框饰乳丁纹。方座簋是西周时期青铜簋的一种重要的型式。

Nádoba na podávání rýžových pokrmů. Poté, co se objevil již v počátečním období vlády dynastie Šang, postupně se tento typ proměnil ve významnou součást sad rituálních bronzů. Od středního období vlády dynastie Čou se použití nádoby *kuej* postupně formalizovalo dle postavení uživatele, které přísně předepisovalo počet těchto nádob, které směly být použity. Na těle této nádoby jsou zkosené čtverce s kulovitým výstupkem uprostřed. Nádoby typu kuej na čtvercovém podstavci patřily v období vlády dynastie západních Čou mezi nejvýznamnější formy.

新石器时代晚期出现的一种炊煮器。其形状一般为侈口（口沿外倾），有三个中空的足，便于炊煮加热。铜鬲流行于商代至春秋时期。

Šlo o typ nádoby na přípravu nápojů, který se objevil již v pozdním neolitu. Má výrazný okraj kolem ústí. Tři duté nohy usnadňovaly přihřívání nápoje. Bronzové nádoby *li* byly populární od období vlády dynastie Šang až po období Jara a Podzimu.

铜 "仲枏父" 鬲
西周（公元前1046~前771年）
高14、口径19.5厘米
征集
陕西历史博物馆藏

Bronzová nádoba *li* na alkoholické nápoje
Výška 14 cm, průměr ústí 19,5 cm
Období Západní Čou (1046–771 př. n. l.)
Historické muzeum provincie Šen-si

铜编钟（一组6件）
西周（公元前1046~前771年）
高11.5~22.7、宽5~11厘米
征集
陕西历史博物馆藏

Soubor bronzových zvonů
Výška 11,5 až 22,7 cm, šířka 5 až 11 cm
Období Západní Čou (1046–771 př. n. l.)
Historické muzeum provincie Šen-si

新钟是先秦时期用途最广泛的青铜打击乐器，需要3个以上才能组成音阶，故又称为编钟。使用时一般口部朝下悬挂在木架上。此编钟一组6件，形制、纹饰基本相同，大小递减。每件编钟均于表面饰一对卷唇回首夔龙、"S"形双头兽纹等多种纹饰。

Zvony byly v tomto období velice rozšířeným bicím nástrojem. Aby bylo možné zahrát základní stupnici, bylo zapotřebí nejméně tří zvonů. Proto jsou souhrnně ozačovány jako *pien-čung* (zvony v sadách). Na dřevěné konstrukci byly zavěšeny tak, že ústí směřovalo k zemi.

Tento soubor je tvořen celkem šesti zvony, které mají v zásadě stejný tvar i dekor. Liší se pouze ve své velikosti. Povrch každého zvonu je ozdoben párem stočených draků a dvojhlavých mytických zvířat s tělem ve tvaru písmene S.

Zvony neměly „srdce" a rozehrávaly se údery paličkou. Byly velmi přesně laděny, a díky výčnělkům na těle dosahovaly nádherného zvuku. Používaly se k provozování obřadní a dvorské hudby.

饮 酒器。该件为长流，
一侧有鋬手，杯口有
蘑菇形双柱，便于提取时
使用。腹部饰有云雷纹。

Třínožka má krátké tělo na třech
vysokých nožkách. Ústí vybíhá
do dvou výběžků, díky nimž bylo
možné snadno pít z poměrně
úzké nádoby. Uprostřed
protaženého ústí jsou vertikální
výběžky, které snad napomáhaly
manipulaci s nádobou, v níž byla
horká tekutina. Tělo nádob zdobí
dekor oblak a blesků *jün-lej-wen*.

铜爵
西周（公元前1046~前771年）
高20.4、长16.4厘米
采集
陕西历史博物馆藏

**Bronzová třínožka *ťüe* k pití
ohřívaných alkoholických nápojů**
Výška 20,4 cm, délka 16,4 cm
Období Západní Čou (1046–771 př. n. l.)
Historické muzeum provincie Šen-si

装饰品。早在史前时期，人类就佩戴玉璜等组成的组玉佩，用以表示身份并起到装饰作用。西周时期，组玉佩在服制和礼制中具有举足轻重的作用，因其既有礼玉的性质，又有引人注目的装饰功能，故随着结构的复杂化和制度化，逐渐成为权贵之身份的象征或标志，身份越高，组玉佩越复杂越长。此组玉佩由鹦鹉、玉兔、玉蝉、玉蚕和三个玉璜以及玛瑙管珠、绿松石珠等组成，色彩绚丽，装饰华美。

Již v prehistorickém období skládali lidé nefritové kusy do sestav, které poukazovaly na postavení nositele a zároveň měly ozdobnou funkci. V období vlády dynastie Západních Čou začaly hrát nefritové soubory roli i v systému obřadů a odívání. Mají tedy nejen rituální povahu, ale i povahu šperku přitahujícího pozornost. Z tohoto důvodu se postupně staly symbolem a odznakem šlechtického postavení. Čím vyšší postavení, tím byl soubor nefritových přívěsků komplikovanější a delší. Tato sada čítá nefritového papouška, králíka, cikádu a bource morušového a další komponenty z achátu, zeleného nefritu a tyrkysu.

三璜组玉佩
西周（公元前1046~前771年）
总长72厘米
1972年陕西省扶风县刘家村西周丰姬墓出土
陕西历史博物馆藏

Soubor nefritových přívěsků
Celková délka 72 cm
Období Západní Čou (1046–771 př. n. l.)
Nalezeno roku 1972 v hrobce paní Feng v lokalitě Liou-ťia-cchun u města Pao-ťi
Historické muzeum provincie Šen-si

云纹玉璜

春秋（公元前770~前476年）
长10.5、宽4厘米
1986年陕西省凤翔县秦公一号大墓出土
陕西历史博物馆藏

**Nefritový přívěsek, zřejmě součást
šperku nebo závěsu na opasek**

Délka 10,5 cm, šířka 4 cm
Období Jara a Podzimu (770–476 př. n. l.)
Nalezeno roku 1986 v hrobce č. 1 vévody Čchin
v okrese Feng-siang
Historické muzeum provincie Šen-si

秦 礼器或装饰品。形如扇形，两端穿孔，饰勾云纹。玉璜最早出现于新石器时代，作为项饰，其佩戴方式是两端朝上。因其特殊的形状，可保持组玉佩整体平衡，因此常作为组玉佩中的主体出现。

Jedná se o rituální předmět nebo ozdobu ze státu Čchin. Je vějířovitého tvaru se dvěma průvlečnými otvory. Nese dekor mraků. Nefrity se poprvé objevují v neolitu jako přívěsné ozdoby. Specifický tvar byl hlavní součástí složených nefritových přívěšků, kde měl zajišťovat rovnováhu celého souboru.

这件玉璧以圆孔为中心，外饰一圈蟠螭纹（一种变形龙纹），中间为蒲纹。蒲纹是在谷纹造型的基础上发展而来的，即在刻满斜格纹的每个格纹单元中加入谷纹，也是战国玉器纹饰的始兴风尚。蒲，即蒲草，周代蒲草用途广泛，可用来编织成席、帽、棚等，蒲纹中的斜格纹正是对蒲草做成的编织物结构的模拟。此玉璧是秦玉璧中的大型玉璧，为贡献天子所用之璧，一般的玉璧则是贵族身份的标志。

Tento plochý nefritový kotouč s otvorem uprostřed byl na vnější straně ozdoben dekorem tzv. bezrohého draka *pchan-čch´-wen* (variace dračího dekoru lung-wen) a ve středu rákosovým dekorem *pchu-wen*, který vznikl na základě dekoru „pulců" *ku-wen*. Móda kombinovat různé vzory započala v období Válčících států.

Rákos měl v době vlády dynastie Čou velmi široké použití. Daly se z něj plést sedátka, klobouky, přístřešky. Šikmé linie tohoto dekoru odkazují na strukturu rákosového výpletu. Tento nefritový disk patří mezi největší z čchinských nefritů a zajisté byl používán samotným panovníkem. Běžně veliké nefritové disky pak byly odznakem postavení šlechty.

玉璧

战国秦（公元前475~前221年）
直径22厘米
征集
陕西历史博物馆藏

Nefritový disk

Průměr 22 cm
Období Válčících států (475–221 př. n. l.). Nalezeno roku 1986 v dnešním Feng-siangu v provincii Šen--si, který byl hlavním městem státu Čchin
Historické muzeum provincie Šen-si

C第二单元
ELEK II

汉唐盛世 海纳百川

ROZMANITOST A TOLERANCE VRCHOLNÉHO OBDOBÍ DYNASTIÍ CHAN A TCHANG

汉代和唐代，是古代中国最具开创性、塑造民族性格的伟大时代，在中国古代社会发展和中华民族形成的历史中占有非常重要的地位。国家统一、经济发达、文化繁荣、武力强盛、国威远播是汉唐时期的共同特点。

　　Období vlády dynastie Chan a Tchang přineslo v čínském starověku nejvíce novinek. Šlo o významná formativní období národního charakteru, která v historii sehrála významnou úlohu nejen ve vývoji čínské společnosti, ale i při utváření čínského národa. Obě lze společně charakterizovat jako období jednotného státu, rozvinutého hospodářství, kulturního rozmachu, silné vojenské moci a daleko se šířícího národním věhlasu.

S 秦汉一统

JEDNOCENÍ ZA DYNASTIÍ ČCHIN A CHAN

公元前221年，秦始皇兼并六国，结束了长期以来分裂割据的局面、建立了中国历史上第一个统一的、多民族的、中央集权制的封建国家。秦王朝在全国实行郡县制，同时书同文、车同轨、统一货币、度量衡，修建以咸阳为中心通往全国各地的驰道（交通大道），修筑万里长城防御匈奴、屏障中原，奠定了中国2000余年政治制度的基本格局。出土的秦兵马俑从一个侧面展现了秦军雄兵百万的宏伟气势。汉朝（公元前206～220年）基本延续秦的制度并加以了改进。确定了儒学的统治地位，道教始创、佛教传入。此时，华夏族因此逐渐被称为"汉族"，而汉学、汉人、汉语、汉字、汉服等称谓也均与汉代相关，博大精深的汉文化极大地推动了东方文明的进程。汉代社会稳定、经济繁荣，为我们留下了丰富的文化遗产。一些汉代墓葬出土的汉骑马俑、汉代陶器等，再现了威武的汉骑和丰富的社会生活。

Spojením šesti okolních států v roce 221 př. n. l. ukončil císař Čchin Š´-chuang-ti dlouhé období rozdrobení. Založil historicky první jednotný vícenárodnostní feudální stát s centrální mocí. Dynastie Čchin zavedla v celé zemi systém prefektur a okresů. Zároveň sjednotila používaná písma, šířku vozů, platidla, míry a váhy a začala budovat silnice (dopravní cesty) vedoucí z ústředního Siang-jangu do všech míst po celé zemi. Zároveň budovala deset tisíc mil dlouhý obranný val proti Hunům, aby ochránila centrální planinu. Postavila tak základ čínských politických systémů po následující dva tisíce let. Při archeologických vykopávkách objevené figury koní a vojáků císaře Čchin Š´-chuang-tiho ukazují ohromující sílu milionové čchínské armády. Dynastie Chan (206 př. n. l.-220 n. l.) pokračovala v čchínském systému státní správy a dále jej rozvíjela. Šlo o období, kdy bylo konfuciánství potvrzeno jeho politická moc, vznikl taoismus a do Číny začal pronikat buddhismus. Dnes se proto pro čínské národy užívá označení Chanové neboli etničtí Číňané. Chanská kultura byla bohatá, nádherná, dosahovala však i nebývalé hloubky a jemnosti, čímž ovlivnila rozvoj dalších východoasijských kultur. Doba vlády dynastie Chan byl obdobím společenského klidu, hospodářského rozkvětu i čínské tradiční kultury, které poskytly dostatečný materiální základ pro rozvoj pohřebních zvyků, čímž nám bylo zanecháno bohaté kulturní dědictví. Hrobové figury jezdců na koních, keramika a podobně, odhalené v chanských hrobkách ukazují nejen na jezdecké umění, ale i bohatý společenský život.

一号坑兵马俑军阵
Formace figur vojáků a koní v Nalezišti č.1

H秦始皇帝陵
ROBKA CÍSAŘE ČCHIN Š´-CHUANG-TIHO

秦始皇帝陵位于距西安市30多千米的临潼区城东的骊山之北。秦始皇陵兵马俑坑是秦始皇陵的陪葬坑，位于陵园东侧1500米处。秦始皇陵兵马俑陪葬坑坐西向东，三坑呈"品"字形排列。总面积达19120平方米，足有50多个篮球场那么大。最早发现的是一号俑坑，也是最大的，呈长方形，东西长230米、南北宽62米、深约5米，总面积14260平方米，坑里有8000多个兵马俑，四面有斜坡门道，左右两侧又各有一个兵马俑坑，现称二号坑和三号坑。俑坑布局合理，结构奇特，在深5米左右的坑底，每隔3米架起一道东西向的承重墙，兵马俑排列在过洞中。

秦始皇兵马俑是世界考古史上最伟大的发现之一。1978年，时任巴黎市长的法国前总统希拉克参观后说："世界上有了七大奇迹，秦俑的发现，可以说是第八大奇迹了。不看秦俑，不能算来过中国。"从此秦俑被世界誉为"八大奇迹之一"。

一号坑
Naleziště č. 1

兵马俑的出土与清理
Exkavace figur a jejich čištění

Hrobka císaře Čchin Š´-chuang-tiho leží na severní straně hory Li-šan v městské části Lin-tchung, která je vzdálena 30 km východně od města Si-an. Rozkládá se na její západojižní ose a zaujímá tvar trojúhelníku. Celková plocha 19 120 m² odpovídá rozloze padesáti basketbalových hřišť. V odkrytých jámách se nachází více než osm tisíc figur. Jako první byla objeveno Naleziště č. 1, které je zároveň i největší. Má obdélníkový půdorys, jenž je východozápadním směrem dlouhý 230 metrů a severojižním 62 metrů s hloubkou pěti metrů o celkové rozloze 14 260 m². Objeveno zde je přes osm tisíc figur. Ve všech čtyřech směrech byly svažující se vstupní koridory. Na levé i pravé straně naleziště jsou další dvě jámy, dnes zvané Naleziště č. 2. a Naleziště č. 3. Mají jasný půdorys a zajímavou konstrukci. Dno se nachází v hloubce pěti metrů a každé tři metry se nachází opěrná zeď. Figury jsou rozmístěny v ose chodeb.

Objev figur terakotové armády císaře Čchin Š´-chuang-tiho patří k největším světovým objevům. Když si je v roce 1978 prohlédl pařížský starosta a pozdější francouzský prezident Jacques Chirac, prohlásil: „Svět má svých sedm divů. Ale objevení terakotové armády lze považovat za osmý. Nevidět terakotovou armádu znamená

秦陵陪葬坑陶俑。俑头
束发髻，颌下留须，
身穿齐膝长襦，外着披膊
铠甲，腿扎行縢，足登方
履。厚重的铠甲使他们在
作战时获得较高的防护，
提高了战场生存率，是秦
军中的主战力量。

Plastika, jež byla součástí
hrobové výbavy v hrobce císaře
Čchin Š´-chung-tiho. Muž má
vlasy spletené do copu a kníry
a bradku. Oděn je do suknice
po kolena a na ní má ramenní
brnění. Obut je do hranatých bot,
které byly původně spletené
z přírodního materiálu, rákosu
či ratanu. Brnění na této figuře je
velice silné a těžké a během boje
poskytovalo relativně vysokou
ochranu a zvyšovalo míru
přežití na bojišti, což byla jedna
z hlavních předností čchinské
armády.

陶武士俑
秦代（公元前221~前206年）
高189、宽68、厚56厘米
1974年陕西省西安市秦始皇陵兵马俑陪葬坑出土
陕西历史博物馆藏

Hliněná plastika bojovníka
Výška 189 cm, šířka 68 cm, délka 56 cm
Dynastie Čchin (221–206 př. n. l.)
Nalezeno roku 1974, Mauzoleum terakotové armády
Historické muzeum provincie Šen-si

秦 陵陪葬坑跪射陶俑。俑身穿铠甲、持弓配剑，单腿跪地，双手似持弓弩状。采取跪射姿势在作战中既可迅速冲击敌军阵，也可坚固防守。跪射俑通常位于战斗队形的突出部位。

Klečící střelec z terakotové armády císaře Čchin Š´-chuang- -tiho. Střelec je oděn v brnění, jako by měl připraven luk a meč, jednou nohou klečí na zemi. Ruce jsou lehce rozevřené, jako by držel kuši. Bojovníci svírali v rukou bronzové a dřevěné zbraně, které se však většinou nedochovaly. Využívání klečících střelců umožňovalo v boji rychlý útok, ale zároveň i pevnou obranu. Klečící střelci byli v rámci bojové formace často na vyčnívajících hrotech.

陶跪射俑
秦代（公元前221~前206年）
高112、宽61、厚56厘米
1974年陕西省西安市秦始皇陵兵马俑陪葬坑出土
陕西历史博物馆藏

Hliněná plastika klečícího bojovníka
Výška 112 cm, šířka 61 cm, délka 56 cm
Dynastie Čchin (221–206 př. n. l.)
Nalezeno roku 1974, Mauzoleum terakotové armády
Historické muzeum provincie Šen-si

蚁鼻钱是战国时期楚国的铜币。因其形象得名。

Podle jejich tvaru se těmto platidlům říkalo „hlava mravence" nebo „duchova tvář".

楚蚁鼻铜钱
战国（公元前475~前221年）
长1.9、宽1厘米
征集
陕西历史博物馆藏
Bronzové platidlo, stát Čchu
Délka 1,9 cm, šířka 1 cm
Období Válčících států (475–221 př. n. l.)
Historické muzeum provincie Šen-si

战国时期秦国货币。圆形方孔，币上铸"半两"二字，为小篆文字，它表示每枚重为当时的半两（即十二铢），故称"半两钱"。

Kruhové platidlo s hranatým otvorem z období Válčících států. Na minci je pečetním písmem odlit nápis „půl liangu", což znamenalo, že nominální hodnota každé mince byla tehdy půl liangu (tedy dvanáct *ču*).

秦"半两"铜钱
战国（公元前475~前221年）
直径3.5厘米
征集
陕西历史博物馆藏
Bronzová mince s označením hodnoty „půl liangu", stát Čchin
Průměr 3,5 cm
Období Válčících států (475–221 př. n. l.)
Historické muzeum provincie Šen-si

春秋战国时期逐渐遍及齐国、燕国、赵国等地的一种货币。是由渔猎工具刀削演变而来，由刀首、刀身、刀柄和刀环四个部分组成。齐国刀币，刀身宽大厚重，是战国刀币中最精美的一种。其上篆书"齐法货"。秦始皇统一中国后开始统一了币制，将各地异形钱币的样式，改为外圆内方的形状。

Platidlo postupně užívané na území států Čchi, Jen, Čao a dalších, které vzniklo z rybářského nože. Skládá se ze čtyř částí: z hlavy nože, těla nože, rukojeti a kruhového otvoru. Nožová platidla ze státu Čchi měla široké a těžké tělo. Jedná se o jedno z nejhezčích platidel z období Válčících států. Pečetním písmem na něm stojí „platidlo dle práva státu Čchi".

Po sjednocení Číny císařem Čchin Š´-chuang-tim se začaly sjednocovat měnové řády tak, že platidla různých tvarů užívaná v různých částech země byla nahrazena kruhovou mincí s hranatým otvorem uprostřed.

"齐法货"铜刀币
战国（公元前475~前221年）
长18厘米
征集
陕西历史博物馆藏

Bronzové platidlo v podobě nože užívané ve státě Čchi
Délka 18 cm
Období Válčících států (475–221 př. n. l.)
Historické muzeum provincie Šen-si

燕国刀币。其上有一个大篆书体的"明"字铭文，俗称"燕明刀"，或称"明刀"。

Na platidle je v pečetním písmu vyveden znak *ming* (česky světlý, jasný), pročež se mu říká „světlý nůž z Jen" nebo pouze „světlý nůž".

燕国"明"铜刀币
战国（公元前475~前221年）
长13.8、宽1.8厘米
征集
陕西历史博物馆藏

Bronzové platidlo „ming" v podobě nože, stát Jen
Délka 13,8 cm, šířka 1,8 cm
Období Válčících států (475–221 př. n. l.)
Historické muzeum provincie Šen-si

战国时期魏国货币。其形状从青铜农具演变而来，因形状似铲，又称铲布。最早的布币首部中空，保留着作为工具时安柄的銎，称作空首布。后变为平首布，无銎，币身完全成为片状，便于铸造和携带。此为平首，篆书"襄平"二字，应为当时的地名。

Platidlo užívané v období Válčících států ve státě Wej. Jeho tvar se transformoval z bronzového zemědělského nástroje, rýče nebo lopaty. Původně si tyto mince zachovávaly uprostřed otvor, jako by se ke skutečnému rýči měla připojit násada. Později se tento otvor přestal objevovat a mince získala plný plochý tvar. To usnadňovalo nejen její odlévání, ale i nošení. Na minci je nápis pečetním písmem „Siang-pching", což byl tehdejší místní název.

魏"襄平"铜布币
战国（公元前475~前221年）
长4、宽2.5厘米
征集
陕西历史博物馆藏

Bronzové platidlo ve tvaru rýče, stát Wej
Délka 4 cm, šířka 2,5 cm
Období Válčících států (475–221 př. n. l.)
Historické muzeum provincie Šen-si

战国时期韩国钱布币。此钱币为铲形平首布币，其上篆书"陶阳"二字。

Platidlo užívané v období Válčících států ve státě Chan. Má tvar plochého rýče, na němž je pečetním písmem nápis „Tchao--Pching-jang".

韩"陶阳"铜布币
战国（公元前475~前221年）
长4.8、宽3厘米
征集
陕西历史博物馆藏

Bronzové platidlo ve tvaru rýče, stát Chan
Délka 4,8 cm, šířka 3 cm
Období Válčících států (475–221 př. n. l.)
Historické muzeum provincie Šen-si

战国时期赵国钱币。铲形，平首，其上篆书"平阳"二字。

Platidlo užívané v období Válčících států ve státě Čao. Má tvar plochého rýče, na němž je pečetním písmem nápis „Pching--jang".

赵"平阳"铜布币
战国（公元前475~前221年）
长4.6、宽2.8厘米
征集
陕西历史博物馆藏

Bronzové platidlo ve tvaru rýče, stát Čao
Délka 4,6 cm, šířka 2,8 cm
Období Válčících států (475–221 př. n. l.)
Historické muzeum provincie Šen-si

玉人造型极简括，仅有头部及腰带部的线条刻画，形象质朴，表情呆板。它们可能是随葬的玉俑。

Lidská podoba je zde vyjádřena v extrémní zkratce. Hlava a tělo jsou vyjádřeny pouze vyrytými liniemi.
Snad se jednalo o nefritové figurky sloužící jako hrobová výbava.

玉人
秦代（公元前221~前206年）
高12、宽2.3厘米
征集
陕西历史博物馆藏

Nefritová figura
Výška 12 cm, šířka 2,3 cm
Dynastie Čchin (221–206 př. n. l.)
Historické muzeum provincie Šen-si

钱范是浇铸钱币的模具。面、背范
扣合严密，范首浇铸口呈漏斗
状，每枚钱腔开一浇口与直浇相通，
范面并列阴刻"半两"二字，钱文规
整，字形狭长，笔画字口深峻，粗壮
均匀。现已发现的半两钱范均为正面
单范，合范尤为罕见。

Pozitivní a negativní část do sebe zapadá velice
těsně. Ve vrchní části formy je trychtýřovitý
otvor pro nalévání taveniny. Ve vzoru každé
jednotlivé mince na formě je uprostřed
výstupek, který po spojení obou částí formy
přiléhal k protistraně. Na pozitivní straně
formy jsou vidět negativně vyryté dva znaky
„půl liangu". Tento nápis je charakteristický
protáhlým písmem, přičemž jednotlivé tahy
jsou do formy vyryty velmi hluboce. Zároveň
jsou všechny tahy relativně široké. Doposud
nalezené formy na odlévání mincí typu „půl
liangu" jsou jednostrané. Formy, kde by byl
odlévaný vzor na obou stranách, jsou velice
vzácné.

陶钱范
秦代（公元前221~前206年）
长17.5~24、宽8.3~8.8厘米
1994年陕西省绥德县出土
陕西历史博物馆藏

Forma na odlévání mincí
Délka 17,5 až 24 cm, šířka 8,3 až 8,8 cm
Dynastie Čchin (221–206 př. n. l.)
Nalezeno v roce 1994 v okrese Suej-te
Historické muzeum provincie Šen-si

秦朝货币。上有钱文"半两"二字。据《史记》载，半两钱铸行于秦惠文王二年（公元前336年），秦始皇统一全国后，废除六国货币，用法律的力量使半两钱通行全国。半两钱圆形方孔，这种造型正符合古代中国人"天圆地方"的理念，对其后2000年中国货币形制都有影响。

Mince z období vlády dynastie Čchin, na jejichž vrchních stranách jsou znaky „půl liangu". Dle záznamů v díle „Zápisky historika" (Š´-ťi) byl tento typ mincí odléván již ve druhém roce vlády čchinského krále Chuej-wena (336 př. n. l.). Po sjednocení Číny císařem Čchin Š´-chuang-tim (221 př. n. l.), kdy byly zrušeny měny ostatních šesti států, byl tento typ silou práva prosazen jako oběživo pro celou sjednocenu zemi. Tzv. mince „půl liangu" byly kulaté s hranatým utvorem, což odpovídá představám starých Číňanů o „kruhových nebesích a čtvercové zemi" a měly výrazný vliv na podobu čínských mincí v následujících dvou tisíciletích.

"半两"铜钱（10枚）
秦代（公元前221~前206年）
直径2.5~3.5厘米
征集
陕西历史博物馆藏

Soubor bronzových mincí
Průměr 2,5 až 3,5 cm
Dynastie Čchin (221–206 př. n. l.)
Historické muzeum provincie Šen-si

彩绘陶骑马俑（一组3件）
西汉（公元前206~公元9年）
通高约66、长约60厘米
1965年陕西省咸阳市杨家湾出土
陕西历史博物馆藏

Hliněné plastiky koní s jezdci
Výška 66-67 cm, délka asi 60 cm
Dynastie Západní Chan (206 př. n. l. –8 n. l.)
Objeveno v roce 1965, lokalita Jang-ťia-wang
u měst Sien-jang
Historické muzeum provincie Šen-si

随葬明器。骑手头戴赤帻，穿短襦，上身挺直，作手持缰绳状。马通身施绛红色彩，以黑色勾勒出鞍鞯和辔头，其一昂头翘尾作嘶鸣状。

Hrobová plastika. Jezdec má červenou čapku a krátký kabátec. Sedí vzpřímeně s rukama držícíma otěže. Tělo koně je zbarveno do černočervena. Postroj je vybarven černým pigmentem. Kůň natahuje hlavu i ocas v postoji ržání.

随 葬明器。陶井施绿
釉，敞口，宽平沿，
上竖井架，井架上装置滑
轮，井沿上置一陶罐。十
分写实地反映了汉代生活
场景。

Hrobová výbava. Model studny
pokrytý zelenou glazurou,
s rovnými stěnami a širokým
plochým okrajem, na němž
je studniční rám s navijákem.
Na okraji studny je položen
keramická nádoba. Jedná
se o velmi realistický odraz
života z doby vlády dynastie
Chan.

陶水井
汉代（公元前206~220年）
高31.5、口径21厘米
1956年陕西省西安市临潼区出土
陕西历史博物馆藏

Hliněný model studny
Výška 31,5 cm, ústí 21 cm
Dynastie Chan (206 př. n. l.–220 n. l.)
Objeveno v roce 1956 v Lin-tchungu v Si-anu
Historické muzeum provincie Šen-si

随 葬明器。猪圈为半圆
形矮墙所围，圈内有
陶猪，猪圈上一侧置一厕
所。这个人厕、猪圈一体
的模型是当时生活的真实
写照，由此可知早在汉代
人们已开始使用肥力很高
的人猪粪混合肥料。

Hrobová výbava. Chlívek
ohrazený kruhovou zdí, v němž
stojí hliněný vepřík. Nad ohrádkou
je krytý záchůdek. Tento model
ukazuje, jak vypadal skutečný
tehdejší život. Lze z toho usuzovat,
že lidé za vlády dynastie Chan již
používali na živiny velmi bohaté
hnojivo kombinující zvířecí
a lidské exkrementy.

陶猪圈
汉代（公元前206~220年）
高21、长20、宽18厘米
征集
陕西历史博物馆藏

Hliněný model ohrady pro domácí zvířata
Výška 21 cm, délka 20 cm, šířka 18 cm
Dynastie Chan (206 př. n. l.–220 n. l.)
Historické muzeum provincie Šen-si

绿釉陶博山炉

汉代（公元前206~220年）
高17厘米
征集
陕西历史博物馆藏

**Keramické, zeleně glazované
vykuřovadlo v podobě hory**

Výška 17 cm
Dynastie Chan (206 př. n. l.–220 n. l.)
Historické muzeum provincie Šen-si

是中国汉晋时期（公元前202~347年）常见的焚香所用的器具。常见的为青铜器和陶瓷器。盖高而尖，镂空，呈山形，山形重叠，其间雕有飞禽走兽，以象征传说中的海上仙山——博山而得名（汉代盛传海上有蓬莱、博山、瀛洲三座仙山）。此炉盖呈博山形，中部主峰周群山环绕，其间有浮云缭绕，峰间均镂空。柱柄呈竹节状造型，下有承盘，通体施绿釉。

Nádoba na kadidlo běžná pro období vlády dynastie Chan a Ťin (202 př. n. l.- 347 n. l.), které se vyráběly z bronzu či keramiky. Víko je duté, vysoké a špičaté ve tvaru vrstvených hor, mezi nimiž jsou ptáci a zvířata, která symbolizují legendární posvátné hory v mořích, od nichž se odvíjí i název „vykuřovadlo hory Po". V době vlády dynastie Chan byly za tyto legendární hory považovány Pcheng-laj, hora Po a Jing-čou. Toto vykuřovadlo má hlavní vrchol, pod nímž je skupina dalších hor, mezi nimiž plují mraky. V jednotlivých horách jsou dutiny. Noha nad podstavcem má tvar bambusového článku. Celé dílo je pokryto zelenou glazurou. Vykuřovadlo mohlo sloužit jako předmět každodenní potřeby i jako hrobová výbava.

随葬明器。陶仓为圆屋形，攒尖顶，顶盖模塑飞禽走兽，通体施酱黄釉。仓体上有墨书"粥米"二字。底足为人形，人呈跪姿，双手扶膝，耸肩扛仓。

Hrobová výbava. Nádoba ve tvaru modelu sýpky je oválného tvaru s pokličkou připomínající špičatou střechu, na které je reliéf ptáků a zvířat. Tělo má žlutohnědou glazuru a jsou na něm černou tuší napsány znaky *čou mi* (rýžová kaše). Nohy ve spodní části mají tvar lidských postav, které v klečící pozici s rukama na kolenou nesou nádobu na ramenou.

陶仓

汉代（公元前206~220年）
高42、口径9厘米
征集
陕西历史博物馆藏

Hliněný model sýpky na obilí

Výška 42 cm, průměr ústí 9 cm
Dynastie Chan (206 př. n. l.–220 n. l.)
Historické muzeum provincie Šen-si

彩绘陶锺
汉代（公元前206~220年）
高32、口径14厘米
征集
陕西历史博物馆藏

Malovaná keramická nádoba
Výška 32 cm, průměr ústí 14 cm
Dynastie Chan (206 př. n. l.–220 n. l.)
Historické muzeum provincie Šen-si

随葬明器。锺原是盛酒器，自西汉始，主要作为盛放粮食的容器，也作为随葬明器在汉墓中大量出土。锺为敞口，细长颈，鼓腹，圈足。灰黑色锺体上彩绘三角纹、云纹和弦纹，纹饰以红、白两色构成，色彩热烈绚丽，富于装饰性。肩部贴塑对称的兽首。

Hrobová výbava. Geometrický dekor linek, mraků a závitnic na těle nádoby je proveden v bílé a červené barvě. Barvy mají nádherné teplé odstíny a ornamenty jsou neobyčejně působivé. Ve vrchní části jsou symetricky vyobrazeny zvířecí hlavy.

V 走向盛唐
RCHOLNÁ PROSPERITA ZA DYNASTIE TCHANG

　　三国两晋南北朝时期（220～589年），是中国历史上一段只有37年的大一统时期，而余下朝代替换很快进入多国并存的时代。这时期民族大融合进一步加速少数民族封建化的步伐。在隋朝统一天下后，开创出具有开放性和包容性的隋唐帝国。

　　始于618年的唐王朝，是中国历史上又一个鼎盛时期，国力强盛，疆域辽阔，政治稳固，经济昌盛，文化繁荣，社会发展水平当时领先于世界。唐代的农业、手工业持续发展，以极大的开放性和包容性与世界广泛交往。唐都长安（今西安）是当时规模最大、最繁华的都市，大唐文化兼收并蓄、创新发展，达到了前所未有的高度。汉末传入中国的佛教也在此时发展成熟并逐渐中国化。在唐王朝统治的京畿区域的陕西地区，出土了大量仪态轩昂的陶俑、绚丽多彩的唐三彩、璀璨精致的金银器等。虽无法重现唐代的盛景，也能窥得当时的葬俗和生活面貌。

Období Tří říší, Západní a Východní Ťin a Severních a jižních dynastií (220 - 589 n. l.), bylo historickým úsekem rychle se střídajících dynastií a souběžné existence více států, kdy byla Čína sjednocena pouze po dobu 37 let. Šlo o období veliké národnostní integrace, jež urychlilo upevnění feudálního řádu u národnostních menšin. Po opětovném sjednocení země vzniklo císařství dynastií Suej a Tchang charakteristické svojí otevřeností a tolerancí.

Vláda dynastie Tchang, jež byla založena v roce 616 n. l., patří v rámci čínské historie k nejvrcholnějším obdobím silného státu, územní velikosti, stabilní politiky, prosperujícího hospodářství, kulturního rozmachu, a v rámci tehdejšího světa i nejrozvinutější společnosti. V tomto období se dále rozvíjelo zemědělství a řemesla a s velikou otevřeností a tolerancí docházelo k širokým kontaktům se světem. Hlavní město dynastie Tchang Čchang-an (dnešní Si-an) bylo tehdy největším a nejvíce prosperujícím velkoměstem. Kultura tohoto období tak nejenom díky zmiňované rozmanitosti, ale i díky inovacím dosáhla bezprecedentní výše. Buddhismus, který se do Číny dostal na konci dynastie Chan, se v této době již plně rozvinul a začal se postupně sinizovat. Mnoho impozantních terakotových figur, keramiky s trojbarevnou polevou a zlatých a stříbrných předmětů z období vlády dynastie Tchang bylo nalezeno v oblasti Che-ťing-ťi ležící v dnešní provincii Šen-si. Přestože nelze období dynastie Tchang znovu oživit, můžeme si představit tehdejší pohřební zvyky a způsob života.

文房用具，以贮砚水。
周身施青釉，晶莹明
澈。兔作匍匐形，首微昂，
四肢蜷曲，背置圆管。

Součástí zařízení tzv. učencovy
pracovny byla miska na vodu
pro štětec. Po celém obvodu je
zeleně glazovaná (tzv. seladon).
Střep je jasný a lesklý. Králík je
zobrazen v plíživém postoji,
s lehce předkloněnou hlavou
a skrčenýma nohama. Ústí
nádoby je na zádech zvířete.

青瓷兔形水注
三国·吴（222~280年）
高4、口径1.6厘米
江苏省南京市龙潭罗山嘴墓出土
南京市博物馆藏

**Miska na vodu ve tvaru králíka ze
zeleně glazované keramiky**
Výška 4 cm, ústí 1,6 cm
Období Tří říší (220–280), stát Wu
Objeveno v lokalitě Lung-tchan-luo-shan,
Nanking
Muzeum města Nanking

青瓷堆塑楼阁伎乐魂瓶

西晋（266~316年）
高49、底径18.6厘米
征集
南京市博物馆藏

Nádoba

Výška 49 cm, průměr dna 18,6 cm
Západní Ťin (266–316)
Muzeum města Nanking

随葬明器。是三国两晋（220～420年）时期长江中下游地区特有的随葬品。整器分上、下两部分，上部中间做出上小下大且中空的瓶颈，颈周围堆塑可分两层：上层塑四个敞口小罐，并无规则地贴塑了许多振翅欲飞的小鸟。下层正中设一座三层门楼，门楼顶上坐一只憨态可掬的熊，门楼两边的立阙顶上各栖息一只飞鸟，门阙两边各贴塑一只卧伏的羊。背侧塑十二个伎乐俑，分别作鼓瑟、鸣竽、操琴、击鼓等状。为当一组"乐舞百戏"场面。下部为瓶身，贴塑乌龟、羊头、鱼、螃蟹等动物。

Tato nádoba patřila do pohřební výbavy z doby Západní Ťin z období Tří říší (220-420) a je specifická pro oblast dolního a středního toku Dlouhé řeky. Nádoba se dělí na horní a spodní část. Uprostřed vrchní části je odshora dolů se rozšiřující duté hrdlo. Kolem něj jsou vymodelována dvě patra. V horním patře jsou čtyři vědra a nepravidelně rozmístění ptáci v letu s mávajícími křídly. Vprostřed spodního patra je trojpodlažní budova, nad níž sedí medvěd a po každé straně jeden pták. U strážnic vedle brány leží kozorozi. Na zadní straně je dvanáct figur hudebních společnic, které hrají na citery, flétny, loutny, bubny, tedy na nástroje spojované s tehdy populárními žánry písní, tanců a zpěvoher *jüe-wu paj- -si*. V horní části nádoby je duté hrdlo. Ve spodní části nádoby pak jsou zobrazena zvířata jako želvy, kozorozi, krabi atd.

随葬明器。羊作卧伏状，头部双角弯曲绕过耳后向前卷起。颈作柱形，前胸平坦，羊身作茧形，四足蜷曲，尾作蕉叶状。背部有管状插孔与腹部相通，背部四角有上翘的尖角。

Nohy nádoby jsou neglazované a jsou na nich vidět stopy po vypalování. Rohaté zvíře je zobrazeno s rohy točícími se kolem uší. Nádoba má neobvyklý tvar s plochou přední částí, válcovitým tělem a úzkým hrdlem.

青瓷羊形插器

东晋（317~420年）
高15.3、长18、宽11.2厘米
江苏省南京市中央门外老虎山M6出土
南京市博物馆藏

Seladonová nádoba ve tvaru ovce či kozy

Východní Ťin (317- 420 n.l.)
Výška 15,3 cm, délka 18 cm, šířka 11,2cm
Nalezeno v lokalitě M6 Lao-chu-šan, Nanking
Muzeum města Nanking

古 人席地而坐，或坐于
坐榻之上，多以铜或
玉镇镇压席角。此玉镇为
圆雕兽形，蹲坐于地。似
在撕咬，神态形象逼真。
异兽颈部阴刻鬃毛，长尾
散拖在地，貌似狮子而头
生双角。汉至隋唐，玉镇
上多见异兽形象。其形象
是以狮子为蓝本，将多种
动物的特征集于一体，具
有辟邪、祥瑞之作用。

V minulosti lidé sedávali na
rohožích přímo na zemi nebo na
sedací posteli *cuo-tcha*. Rohože
bylo třeba zatížit, na což se
používala bronzová či nefritová
těžítka. Toto těžítko má tvar
fantastického zvířete, které je
realisticky ztvárněno, jako kdyby
se vkleče chystalo kousnout.
Zvíře má negativně vyrytou
hřívu na krku, a dlouhý ocas
splývající až na zem. Vzezřením
je podobné lvu, avšak s tím
rozdílem, že má dvojici rohů.
V době mezi vládou dynastií
Chan, Suej až Tchang byla na
nefritových těžítcích zobrazován
fantaskní zvířata. Jejich častým
předobrazem byli právě lvi,
jejichž vzezření se kombinovalo
s rysy charakteristickými pro
jiná zvířata tak, aby měla účinek
nejen pro odpuzování duchů, ale
i pro přivolání štěstí.

异兽形汉白玉镇
唐代（618~907年）
高13、长14、宽11.5厘米
陕西省西安市南郊出土
陕西历史博物馆藏

Figura fantastického zvířete
Výška 13 cm, délka 14 cm, šířka 11,5cm
Dynastie Tchang (618–907)
Nalezeno v Si-anu
Historické muzeum provincie Šen-si

锤 鲽成型。通体鎏金，圆形，浅腹，圈足。盘内底錾刻三只飞翔云端的鹊鸟。

Talířek byl vytvarován vytepáním. Je celý pozlacen, má kruhový mělký tvar a kruhovou nožku. Na vnitřní ploše talířku jsou vyryty tři straky v mracích.

鎏金刻花鹊鸟纹银盘
唐代（618~907年）
高1、口径9.7厘米
1970年陕西省西安市南郊何家村唐代窖藏出土
陕西历史博物馆藏

Pozlacený talířek s rytým dekorem ptáků
Výška 1 cm, průměr 9,7 cm
Dynastie Tchang (618–907)
Nalezeno roku 1970 v hrobce v lokalitě Che-ťia-cchun
Historické muzeum provincie Šen-si

提梁罐。素面，附盖，盖内有墨书"九两"字样，罐两肩处有环与提梁相连，一边连接处有十九节环链，罐内底亦有墨书。

Dóza s rukovětí na nošení, prostého zevnějšku s víkem. Ve víku je tuší napsáno „devět liangů". Na obou bocích nádoby jsou oka na rukojeť. Zevnitř nádoby je na dně další nápis.

素面提梁银罐

唐代（618~907年）
通高12、口径6.7、底径5.6、腹径11.2厘米
1970年陕西省西安市南郊何家村唐代窖藏出土
陕西历史博物馆藏

Stříbrná nádoba s víkem

Výška 12 cm, průměr ústí 6,7 cm, průměr dna 5,6 cm, průměr těla 11,2 cm
Dynastie Tchang (618–907)
Nalezeno roku 1970 v hrobce v lokalitě Che-ťia-cchun
Historické muzeum provincie Šen-si

摩羯纹八曲银长杯
唐代（618~907年）
高3.3、口径12.4×6.7厘米
征集
陕西历史博物馆藏

Stříbrná mísa s motivem kozoroha
Výška 3,3 cm, délka 12,4 cm, šířka 6,7 cm
Dynastie Tchang (618–907)
Historické muzeum provincie Šen-si

长 杯多曲的造型是对萨珊式银器的模仿和改造，而主题纹饰摩羯纹则来自印度古文化。但摩羯用锤鍱手法做出，周围框以联珠纹，又是西亚金银器的制作方式，杯内壁对称地装饰出两组花纹，是中国传统的布局方法。因此，这件银杯为研究南亚、西亚、中国唐代金银器之间的相互影响，提供了可信的实物资料，具有十分重要的历史价值。

Miska otevřeného, protáhlého nepravidelného tvaru, který je napodobeninou stříbrných tepaných předmětů ze Sásánovské říše. Hlavním dekorem je kozoroh, dekor pocházející ze staré Indie. Zde vytepaný kozoroh je obklopen spojenými perlami, což byl též způsob charakteristický pro stříbrotepce ze západní Asie. Na vnitřních stěnách šálku jsou symetricky dvě skupiny květinových motivů v tradiční čínské kompozici. Proto je tento stříbrný šálek velice významný z hlediska výzkumu vzájemného ovlivňování stříbrných předmětů z jižní a západní Asie a Číny v době vlády dynastie Tchang, neboť představuje spolehlivě datovaný materiál, který má významnou historickou hodnotu.

碗 口沿与底足处分别饰一圈几何纹，腹部錾刻折枝团花纹。

Mezi vrchním lemem a tělem nádoby leží pás s geometrickými motivy. Na těle je vytepán dekor květů v listoví.

鎏金刻花折枝团花纹大铜碗
唐代（618~907年）
高8.4、口径19.9厘米
征集
陕西历史博物馆藏

Pozlacená mísa s dekorem květin
Výška 8,4 cm, průměr 19,9 cm
Dynastie Tchang (618–907)
Historické muzeum provincie Šen-si

三彩骆驼及牵驼俑
唐代（618~907年）
俑高44厘米，骆驼高77、长60厘米
1970年陕西省咸阳市契苾明墓出土
陕西历史博物馆藏

Hliněná hrobová figura velblouda a vodiče

Výška vodiče 44, výška velblouda 77 cm, délka 60 cm
Dynastie Tchang (618–907)
Pochází z vykopávek hrobu Čchi-pi Minga ve městě Siang-jang z roku 1970.
Historické muzeum provincie Šen-si

随葬陶俑。契苾明为初唐名将契苾何力之子。契苾氏为西域铁勒部的上层人物，贞观六年（632年）归唐。契苾父子分别受到唐太宗与武则天的重用，官位显赫。契苾明死于武则天天册二年（696年），墓内陪葬有数量众多的大型三彩俑。牵驼俑锦巾束发，身着绿色翻领窄袖上衣，一幅风尘仆仆的样子，生动地表现出"丝绸之路"上商旅长途跋涉的艰辛。骆驼棕褐色，双峰，昂首伸颈似在嘶鸣。唐人张籍的诗句"无数铃声遥过碛，应驮白练到安西"描绘的正是丝绸之路上驼队往来倏忽的情景。

Čchi-pi Ming byl synem slavného generála Čchi-pi Che-liho z raného období vlády dynastie Tchang. Rod Čchi-pi patřil mezi nejvyšší vrstvu obyvatel oblasti Západoturkického chanátu, který byl v šestém roce. roce éry Čen-kuan (632 n. l.) připojen k tchangské říši. Otec a syn z rodu Čchi-pi významně pomohli tchangskému císaři Tchaj-cungovi a císařovně Wu Ce-tchien a patřili mezi přední úředníky. Čchi-pi Ming zemřel ve druhém roce éry Tchien-cʹ císařovny Wu Ce-tchien (696 n. l.). V hrobce bylo spolupohřbeno velké množství masivních trojbarevných figur.

Plastika muže vedoucího velblouda měla účes zahalený brokátovým šátkem a byla oblečena v zelený kabátec s upjatými rukávy, zaprášeného vzhledu. Živě tak vyjadřoval těžkosti dalekého obchodního putování po Hedvábné stezce. Velbloud je tmavě hnědý se dvěma hrby a čtyřma nohama stojícíma na obdélníkovém podstavci. Hlava i krk zvířete jsou natažené, jako by ržál. Jak praví verš tchangského básníka Čang Ťiho (766 -830), který popisuje karavanu putující po Hedvábné stezce:

„Po cestách rolničky zvoní,
do An-si provincie západní,
zřejmě nesou hedvábí."

黄釉陶乐舞俑

唐代（618~907年）

高17.6~26.5厘米

1970年陕西省礼泉县郑仁泰墓出土

陕西历史博物馆藏

Soubor hliněných hrobových figur

Výška 17,6 cm až 26,5 cm

Dynastie Tchang (618–907)

Objeveno v okrese Li-čchüan v provincii Šen-si roku 1970

Soubor pochází z hrobky generála Čeng Žen-tchaje, datované do roku 664 n. l.

Historické muzeum provincie Šen-si

随葬陶俑。这组乐舞俑共有七人，其中两人为舞伎，挥动双臂，相对而舞。另五人为乐师，一人吹奏横笛，一人正在击鼓。其余虽乐器已失，但动态犹存，似在全神贯注地为舞蹈者伴奏。唐代乐舞曲目丰富，唐太宗贞观年间分乐舞为"立部伎"、"坐部伎"，其伎乐舞绝大多数是从初唐到盛唐期间，以中原乐舞为基础创作的新乐舞节目。从这组乐舞俑的情况看，应是与"坐部伎"类似的小型乐舞。墓主郑仁泰为唐初大将，军功显赫。这组乐舞俑真实地反映了唐代早期音乐舞蹈艺术呈现出的繁荣昌盛局面。

Tento soubor je tvořen celkem sedmi lidskými figurami, z nichž dvě jsou společnice, které tančí tváří v tvář za pohybu obou rukou. Dalších pět figur jsou hudebníci. Jedna figura hraje na příčnou flétnu, jedna hraje na buben. Zbytek hudebních nástrojů se nedochoval, ale z postojů figur lze usuzovat, že se plně soustředily na doprovod tanečnic. V době vlády dynastie Tchang již existovalo velké množství tanečních skladeb. V době císařské éry Čen-kuan císaře Tchaj-cunga se skladby dělily na „vzpřímené" a „sedící", přičemž většinu tanců v době mezi počátkem a vrcholem vlády dynastie Tchang tvořily nové hudební skladby založené na tancích území centrální čínské roviny. Z tohoto souboru figur hudebníků a tanečnic je jasné, že „sedící" skladby byly určené pro menší tance. Majitel hrobky Čeng Žen-tchaj sloužil původně u císařů Li Jüana a jeho syna Li Š'-mina a dosáhl významných vojenských ocenění. Tento soubor figur hudebníků a tanečnic odráží rozmach a slávu hudebně tanečního umění v období vlády dynastie Tchang.

随葬陶俑。该俑头戴
鹖冠，上穿红色阔
袖短袍，外罩裲裆，双手
合抱胸前，神情威严。
《旧唐书·舆服志》中对
服装的颜色规定："三品
以上服紫，四品深绯，五
品浅绯，六品深绿，七品
浅绿，八品深青，九品浅
青，庶人服黄。"从此俑
的服装上看，应是一位高
品级官吏形象。

Vojenský úředník má na hlavě
takzvanou bažantí čapku
a na sobě krátký červený
plášť se širokými rukávy,
který dosahuje pod pás. Ruce
má sepjaté na prsou a hledí
přísným pohledem. V oficiálním
historickém shrnutí dynastie
Tchang „Ťiou Tchang-šu" se
v části Pojednání o vozech
a oděvech *Jü-fu-č´* píše o regulích
barev oděvů: „*3. kategorie
a vyšší se odívá do fialové,
4. kategorie do temně šarlatově
červené, 5. kategorie do jemně
šarlatově červené, 6. kategorie
do temně zelené, 7. kategorie do
jemně zelené, 8. kategorie do
tmavě modrozelené, 9. kategorie
do lehce modrozelené, prostý lid
pak do hnědo-žluté.*" Z oděvu
této figury tedy lze usuzovat,
že se jednalo o vyobrazení výše
postaveného úředníka.

彩绘陶武官俑
唐代（618~907年）
高71厘米
1955年陕西省西安市郊区出土
陕西历史博物馆藏

**Hliněná hrobová figura vojenského
úředníka**
Výška 71 cm
Dynastie Tchang (618–907)
Nalezeno v Si-anu
Historické muzeum provincie Šen-si

随葬陶俑。文官俑只出现在高官贵戚的大墓之中，常与武官俑共出，处在同一位置上。与家内侍仆俑有别，故一般列为守卫类随葬俑。此俑头戴"进贤冠"，穿红色朝服，拱手站立，仪态端庄。

Figury civilních úředníků se vyskytovaly pouze v hrobkách nejvyšších úředníků a příslušníků dvora, často na jednom místě s figurami vojenských úředníků. Lišily se od figur sloužících, a proto jsou většinou řazeni do kategorie ochránců hrobky. Tato figura má na hlavě úřednickou čapku, je oblečena v červený plášť a s rukama na prsou stojí v důstojném postoji.

彩绘陶文官俑
唐代（618~907年）
高51厘米
陕西省西安市高楼村出土
陕西历史博物馆藏

Hliněná hrobová figura civilního úředníka
Výška 51 cm
Dynastie Tchang (618–907)
Nalezeno v lokalitě Kao-lou cchun, Si-an
Historické muzeum provincie Šen-si

隨葬陶俑。此俑丰满圆
润的面孔颇具东方古
典美之神韵、面部娴静，
带有淡淡的笑意。

Tato dívka s kulaťoučkým
obličejem je zhmotněním
ducha klasické východní krásy
s jemnými rysy a lehkým
úsměvem.

三彩女立俑
唐代（618~907年）
高42厘米
1991年陕西省西安市郊区出土
陕西历史博物馆藏

**Hliněná hrobová figura ženy,
tříbarevná poleva, s detailně
zachyceným oděvem a účesem**
Výška 42 cm
Dynastie Tchang (618–907)
Pochází z vykopávek na předměstí Si-anu
v provincii Šen-si z roku 1991
Historické muzeum provincie Šen-si

随葬陶俑。女俑面庞丰润，体态丰满，双手拱于胸前。《新唐书·五行志》："唐末京都妇人梳发，以两鬓抱面，状如椎髻，时谓之抛家髻。"还有上层社会妇女喜欢将鬓发朝两边展开，形如蒲扇，称之为"缓鬓"。此俑发式应是两者的结合发式，凸显女性的妩媚与雍容。

Žena s plným, smyslným obličejem postává v dynamickém postoji. Vlasy má sčesané dozadu v bohatém načechraném účesu. Ruce má sepjaté na hrudi. V části Pamětí pěti elementů v „Nových análech dynastie Tchang" (Sin-tchang-šu wu-sing-č´) se praví: „dámy v hlavním městě v období na konci vlády Tchangů nosily vlasy stočené vzad do vysokého drdolu". Ženy z vyšší společnosti si rozdělovaly vlasy nad ofinou na dvě části, které nad ušima svazovaly do dvou plochých uzlů, čemuž se říkalo „kulaťoučký účes". Účes této dámy je spojením obou způsobů, což podtrhuje její ženské kouzlo.

彩绘陶女立俑
唐代（618~907年）
高59厘米
1955年陕西省西安市东郊韩森寨出土
陕西历史博物馆藏

Hliněná hrobová figura ženy
Výška 59 cm
Dynastie Tchang (618–907)
Pochází z vykopávek ve vesnici Chan-sen na předměstí Si-anu z roku 1955
Historické muzeum provincie Šen-si

彩绘陶人面镇墓兽

唐代（618~907年）
高52厘米
1991年征集
陕西历史博物馆藏

Hliněná hrobová figura, postava fantastického zvířete

Výška 52 cm
Dynastie Tchang (618–907)
Historické muzeum provincie Šen-si

随葬陶俑。在唐代墓葬中，镇墓兽成对出现，放置于墓道入口处，镇守于墓门，是中国古代墓葬中常见的一种怪兽；是为镇慑鬼怪、保护死者灵魂不受侵扰而设置的一种明器。此件为人面兽身，有高耸的双角，形象夸张似在怒吼，具有强烈的威慑力。

Za vlády dynastie Tchang se v hrobkách ke vchodům umisťovaly páry zvířecích ochránců, což byl zvyk panující v Číně od starověku. Tato zvířata chránila duši zemřelého, aby ji nikdo v záhrobí nerušil. Tento exemplář má lidskou tvář a zvířecí tělo s nahoru trčícím párem rohů. Ve svém mocném řevu nabývá odstrašujícího vzezření.

彩绘陶镇墓兽
唐代（618~907年）
高40厘米
1991年征集
陕西历史博物馆藏

Hliněná hrobová figura, postava fantastického zvířete

Výška 40 cm
Dynastie Tchang (618–907)
Historické muzeum provincie Šen-si

随葬陶俑。怪兽形象凶猛、恐怖，气势威猛。

Jde o figuru ochránce hrobu. Vzezření tohoto fantastického zvířete má být nejen plné síly, ale i hrůzostrašné.

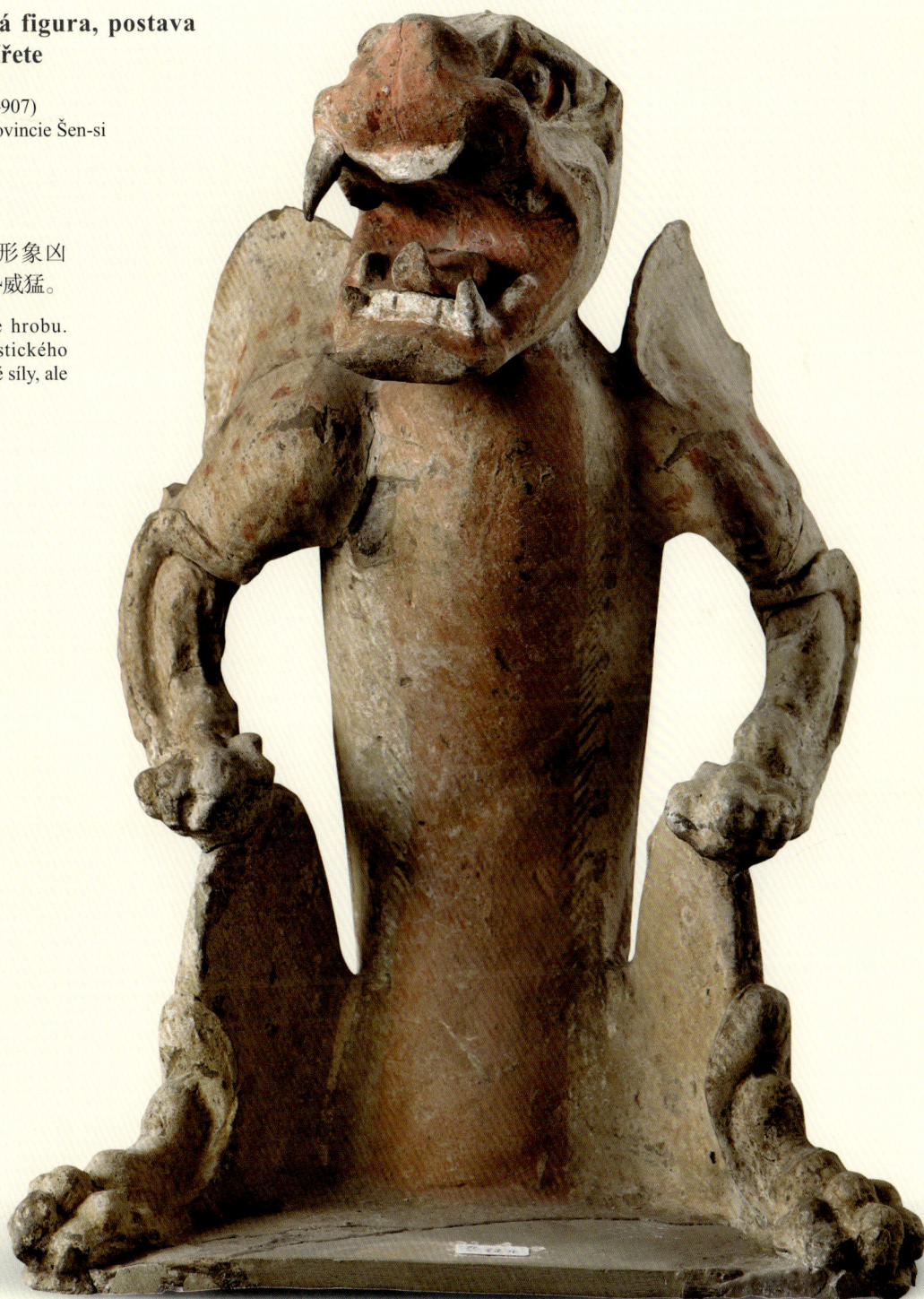

三彩花口执壶

唐代（618~907年）

高16厘米

1955年陕西省西安市长乐坡出土

陕西历史博物馆藏

Nádoba s tříbarevnou polevou

Výška 16 cm

Dynastie Tchang (618–907)

Nalezeno roku 1955 u Si-anu

Historické muzeum provincie Šen-si

短颈，鼓腹，有曲柄，体现了唐代壶式特点。工匠们将带有异国情调的荷叶口巧妙嫁接到执壶口部，西亚壶式特点与我国传统造型结合得十分完美，是唐朝与中西亚各国文化交流与友好往来的历史见证。

Konvice z období vlády dynastie Tchang je krátké hrdlo, baňaté tělo a zakřivené ucho. Řemeslnící vytvořili cizokrajně působící hubičku ve tvaru lotosového květu. Charakteristiky západoasijských konvic se nádherně snoubí s čínským tradičním tvaroslovím. Jde o svědectví přátelských kontaktů mezi kulturami střední a západní Asie a Čínou v období vlády dynastie Tchang.

三彩三足罐

唐代（618~907年）
高23.5、口径15.5厘米
1956年陕西省西安市小土门出土
陕西历史博物馆藏

Keramická třínožka s tříbarevnou polevou

Výška 23,5 cm, ústí 15,5 cm
Dynastie Tchang (618–907)
Nalezno roku 1956 u Si-anu
Historické muzeum provincie Šen-si

唐三彩是一种盛行于唐代的陶器，以黄、褐、绿为基本釉色，后来人们习惯地把这类陶器称为"唐三彩"。此罐的釉彩几臻完美，各色交织毫无零乱之感，釉色浓艳又不刺眼，再加上充分利用呈色金属在火焰帮助下，能在釉层里熔融、流动、漫润、千变万化的特性，用点描、浅描的手法使釉彩如织锦般绚丽，又恰如开屏的孔雀。

Keramika s trojbarevnou polevou dosáhla svého vrcholu v období vlády dynastie Tchang. Základní barvy glazury byly žlutá, hnědá a zelená. Později se pro ni vžil název „tchangská trojbarevná". Barevnost tohoto exempláře je téměř bezchybná. Přestože tato třínožka vyniká pestrými barvami, nezanechává v nás pocit chaosu a barvy nepůsobí pro naše oči nijak rušivě. Technologie vypalování pomocí pigmentů z oxidů nejrůznějších kovů zde dosáhla svého vrcholu. Jednotlivé barvy se v polevě volně mísí a slévají, což vede k mnoha proměnám výsledného vzhledu. Lehké dotyky barev dotvářejí nádheru podobnou brokátu nebo vějíři z pavích per.

三彩注盆。绿褐釉彩相
间，鲜艳夺目。虽是
随葬器物，但也反映着当
时的社会生活，可以看出
太平盛世的一种景象。

Tříbarevná poleva vyniká
zářivými pásy zelené a hnědé
barvy. Ačkoliv byla tato mísa
zhotovena za účelem uložení do
hrobky, vypovídá mnoho o životě
tehdejší společnosti, o bohatství
a luxusu i citu pro jednoduchou
krásu.

三彩注盆
唐代（618~907年）
高9、口径23厘米
陕西省乾县懿德太子墓出土
陕西历史博物馆藏

Keramická mísa s tříbarevnou
polevou
Výška 9 cm, průměr 23 cm
Dynastie Tchang (618–907)
Nalezeno v hrobce prince I-te (682–701 n. l.)
Historické muzeum provincie Šen-si

绞胎器是盛唐时期始创的一种陶瓷新工艺，以其别具一格的纹理而具有很高的艺术价值。所谓绞胎，是利用两种不同色调的泥料，分别制成坯泥，并把两种坯泥擀成板块，相间叠合，然后进行特定的绞揉、切片、拼接、贴合、挤压，手工制作成型。器胎上便呈现不同色调相间，盘旋蹙结的纹理，虽人工所为，却仿佛天然而生。其烧制方法与唐三彩相同，即坯胎先入窑素烧后，器表施釉，再次入窑焙烧而成。由于绞胎器的制作工艺较为复杂，因而其产量和品类都为数稀少，极为珍贵。

Zvláštní technika glazování na obdélníkovém podhlavníku tvoří abstraktní vzory. V době dynastie Tchang se objevovaly nové technologie výroby keramiky. Jednou z nich byla i technika, při níž se používala hlína různých barev. Postupným válením, překládáním a hnětením hmoty vznikaly abstraktní vzory. Též glazura se nanášela v několika vrstvách, čímž se dosahovalo zvláštního barevného efektu. Tato technika byla velice pracná a časově náročná. Dochovaných ukázek je málo a jsou dnes velmi vzácné.

绞胎瓷方枕
唐代（618~907年）
高8、长15、宽10.5厘米
陕西省西安市东郊韩森寨出土
陕西历史博物馆藏

Keramický glazovaný podhlavník
Výška 8 cm, délka 15 cm, šířka 10,5 cm
Dynastie Tchang (618–907)
Nalezeno nedaleko Si-anu
Historické muzeum provincie Šen-si

老君，道教创始者，即太清道德天尊，道教最高祖师三清之一。老君像头戴冠，留络腮胡，左手指地，右手朝天，穿宽袖道服立于覆莲花台座上，头后有火焰形背光，底部台座呈八棱形透雕状。

Plastika zobrazuje Starého mistra, zakladatele učení taoismu, Nebeského vládce cesty *tao* a ctnosti *te*.
Plastika jej představuje jako muže v dlouhém rouchu a s čapkou, avšak s nepěstěným vousem. Levou rukou ukazuje k zemi a pravou k nebi. Za hlavou je zobrazena aura v podobně plamenů světla ozařující tuto posvátnou osobu. Figura stojí na osmibokém vyřezávaném podstavci.

鎏金铜老君立像
唐代（618~907年）
高15.8厘米
征集
陕西历史博物馆藏

Pozlacená plastika taoistického mudrce
Výška 15,8 cm
Dynastie Tchang (618–907)
Historické muzeum provincie Šen-si

佛陀面相饱满，身体比
例匀称。着祖右肩袈
裟，结跏趺坐于束腰形莲花
座上，身后镂空背光，背光
顶部饰一坐佛，莲花座下设
八角形台座，具有典型盛唐
时期造像的特点。

Tvář Buddhy je plná a tělo
symetrické. Je oblečen do
mnišského roucha s odhaleným
pravým ramenem. Se zkříženýma
nohama sedí v lotosové pozici na
trůně. Složitě zpracovaný florální
dekor za jeho tělem představuje
božskou záři vycházející z jeho
těla. Drobná plastika Buddhy je
umístěna na jejím vrcholu. Pod
lotosovým trůnem je oktogonální
podstavec. Celé dílo má
sochařské charakteristiky typické
pro vrcholné období vlády
dynastie Tchang.

鎏金铜佛坐像
唐代（618~907年）
通高15.1厘米
征集
陕西历史博物馆藏

Zlacená plastika Buddhy
Výška 15,1 cm
Dynastie Tchang (618–907)
Historické muzeum provincie Šen-si

这是由阿弥陀佛与观世音、大势至菩萨组成的西方三圣造像。佛像面部庄严典雅，衣纹线条流畅，雕刻精美。

Stéla zobrazuje buddhu Amitábhu se dvěma stojícími postavami bódhisattvů Mahásthámapráptou a Avalókitéšvarou, kteří bývají v čínském mahájánovém buddhismu často zobrazováni v ženské podobě. Výrazy všech tří božstev jsou vážné a elegantní. Linie na oděvu udivují jemným zpracováním.

一佛二菩萨石造像

唐代（618~907年）
高39、宽34、厚14.5厘米
陕西省西安市大唐西市遗址出土
陕西历史博物馆藏

Kamenná stéla s Buddhou a dvěma bódhisattvy

Výška 39 cm, šířka 34 cm, hloubka 14,5 cm
Dynastie Tchang (618–907)
Nalezeno v Si-anu
Historické muzeum provincie Šen-si

菩萨、梵语Bodhisattva，
地位仅次于佛，是
协助佛传播佛法、救助众
生的人物。菩萨在古印度
佛教中为男子形象，流传
到中国后，随着菩萨信仰
的深入人心及其对世人而
言所具有的深切的人情
味，便逐渐转为温柔慈祥
的女性形象。唐代是中国
佛教造像艺术发展的一个
高峰时期，尤其是菩萨造
像呈现世俗化与女性化的
特征，即所谓"菩萨如宫
娃"。这是唐代佛教艺术
走向本土化与人性化，日
臻成熟而形成的造像艺术
风格。

V čínském buddhismu získal
původně mužský bódhisattva
soucitu Avalókitéšvara ženskou
podobu. Kuan-jin, jak se
nazývá, ochraňuje lidské bytosti
a pomáhá jim. Období vlády
dynastie Tchang bylo prvním
vrcholem buddhistické plastiky.
Především plastiky ženských
božstev charakterizovala
skutečná lidská ženskost, krása
a elegance, téměř jako by šlo
o zobrazení vysoce postavených
žen císařského dvora.

观音菩萨青铜立像
唐代（618~907年）
高49厘米
1956年陕西省宝鸡市出土
陕西历史博物馆藏

Bronzová plastika bódhisattvy Kuan-jin
Výška 49 cm
Dynastie Tchang (618–907)
Pochází z vykopávek ve městě Pao-ťi v provincii Šen-si
z roku 1956.
Historické muzeum provincie Šen-si

观音束高髻，身体呈三折枝式。右手上举执杨柳枝，左手下垂执净瓶，跣足立于接梗连台上。上身袒，饰以璎珞，两侧帔帛舒卷自如。整体造型华美富丽，为唐代流行的杨柳观音式样。

Bronzová pozlacená plastika bohyně Kuan-jin. Bohyně má vysoký účes. Její tělo je třikrát prohnuté. V pravé ruce drží vrbovou větvičku, v levé drží nádobu, nohama spočívá na lotosovém trúnu. Horní část těla je odhalená, zdobená šperky a vlajícími jemnými látkami. Takto zobrazena představuje pravou čínskou krásu. V době Tchang se jednalo o velice populární zobrazení Kuan-jin s vrbovou větévkou.

鎏金铜观音立像
唐代（618~907年）
通高18、座宽7.1厘米
1960年陕西省西安市南郊吉祥村出土
陕西历史博物馆藏

**Pozlacená bronzová plastika
bódhisattvy Kuan-jin**
Výška 18 cm, šířka podstavce 7,1 cm
Dynastie Tchang (618–907)
Pochází z vykopávek ve vsi Ťi-siang na jižním předměstí Si-anu v provincii Šen-si z roku 1960
Historické muzeum provincie Šen-si

明清宫廷　文化传承

DVŮR DYNASTIÍ MING A ČCHING A JEJICH KULTURNÍ DĚDICTVÍ

明（1368-1644年）、清（1644-1911年）是中国古代的最后两个封建王朝，君主专制达到顶峰，中国统一多民族的形势得到巩固，中国的版图大致奠定。

Ming (1368-1644) a Čching (1644-1911) byly posledními feudálními dynastiemi, kdy císařství dosáhlo svého vrcholu. Čína se představila jako multietnický stát a ustálily se i její hranice.

P 姑苏繁盛

明代农产品呈现粮食生产的专业化、商业化趋势，手工业和商品经济发达，经济繁荣，出现商业集镇和资本主义萌芽，文化艺术呈现世俗化趋势。南京是中国六大古都之一，历史悠久、文化底蕴深厚。明初曾定都南京，众多开国勋贵葬于南京附近，考古出土和传世的文物，见证了当时的繁华。而随着明末清初西学的传入，科学精神与实学风尚也开始流行。

Během profesionalizace výroby živočišných a rostlinných zemědělských produktů, rozvoje obchodu, řemesel a vyspělého a prosperujícího hospodářství založeného na trhu s komoditami začalo docházet ke vzniku obchodních center v menších městech a k počátkům kapitalismu, jenž vedl k rozšíření umění a kultury mezi nejširší vrstvy. Nanking patří mezi šest historických hlavních měst Číny s dlouhou historií a bohatým kulturním dědictvím. Na počátku dynastie Ming, kdy byl Nanking ustaven za hlavní město, se mnoho příslušníků vznešených rodin a vojevůdců, kteří se zasloužili o založení nové dynastie, nechávalo pohřbit v okolí tohoto města. Tyto archeologické nálezy nám podávají svědectví o míře tehdejší prosperity. S příchodem západního vědeckého přístupu na konci dynastie Ming a na počátku dynastie Čching začaly být populární i exaktní vědy.

簪 体呈扁平状，簪头牡丹花叶繁盛。其间有一婴孩手持牡丹玩耍。簪首边缘錾刻联珠纹。

Zlatá jehlice je ozdobena motivem dětí hrajících si s květy pivoněk a tepanými perličkami.

婴戏牡丹纹金簪
元代（1271~1368年）
长13.4厘米
江苏省南京市邓府山出土
南京市博物馆藏

**Zlatá jehlice do vlasů
s dekorem pivoněk**
Délka 13,4 cm
Dynastie Jüan (1271–1368)
Nalezeno v lokalitě Teng-fu-šan
v Nankingu
Muzeum města Nanking

首饰。耳环作葫芦形，同出土一对，形制相同。耳环下部为玉石雕成的葫芦，其上覆盖金质花叶，花叶上镶嵌一颗红宝石。

Dvě náušnice ve tvaru nefritových tykviček zasazených do zlatých lístků zdobených rubíny.

镶玉嵌红宝石金耳环
明代（1368~1644年）
长4.5、葫芦长3.7厘米
江苏省南京市江宁将军山沐瓒夫人刘氏墓出土
南京市博物馆藏

Pár zlatých náušnic s nefrity a rubíny
Délka 4,5 cm a 3,7 cm
Dynastie Ming (1368–1644)
Nalezeno v hrobce paní Liou, manželky pana Mu
Cana v lokalitě Ťiang-ťün-šan
Muzeum města Nanking

冠金质，簪碧玉质。冠上部有六道直梁，边缘用直线做出宽边。两侧各有两孔，用于插入簪子，玉簪顶作缘珠形。此冠是明代官员退朝燕居时用来束发的。

Zlatá spona se užívala na svázání uzlu vlasů. Používali ji úředníci v době dynastie Ming k neformálnímu oděvu.
Rod Mu ovládal po celou dobu dynastie Ming oblasti v jižní Číně. Zakladatel rodu byl adoptivním synem prvního císaře dynastie Ming a schopným generálem. Řada příslušníků rodiny je pohřbena v lokalitě Ťiang-ťün-šan v Nankingu.

金束发冠及碧玉簪
明代（1368~1644年）
冠高4.5、冠长10.9、簪长10.3厘米
江苏省南京市中华门外将军山沐昌祚墓出土
南京市博物馆藏

Zlatá spona do vlasů
Výška 4,5 cm, délka 10,9 cm, délka jehlic 10,3 cm
Dynastie Ming (1368–1644)
Nalezeno v hrobce Mu Čchang-cuo v Nankingu
Muzeum města Nanking

头饰。簪体扁平作钩状，凤凰挺胸扬尾耸立于祥云之上，工艺复杂，制作精巧，代表了明朝金银细工的高超水平。凤凰是中国古代传说中的神鸟，是百鸟之王。雄为凤，雌为凰，凤凰是雌雄统称。凤凰齐飞，是吉祥和谐的象征，是一种代表幸福的灵物。古代也与龙相配，用来指皇后。

凤凰形金插饰

明代（1368~1644年）
长22厘米
江苏省南京市徐俌夫人墓出土
南京市博物馆藏

Pár zlatých jehlic do vlasů v podobě fénixů

Délka 22 cm
Dynastie Ming (1368–1644)
Pochází z vykopávek hrobky paní Sü Fu v Nankingu
Muzeum města Nanking

Jehlice do vlasů. Plochá jehlice s háčkem, na jehlici je fénix s vypjatou hrudí stojící na mraku. Složité, avšak jemně provedené řemeslné zpracování ukazuje na velmi vysokou úroveň zlatníků v období vlády dynastie Ming. Fénix, *feng-chuang*, je starodávným čínským mytickým ptákem. Vztahuje se k němu řada legend. Je považován za krále ptactva. Samec byl nazýván *feng*, s významem létat, a samice *chuang*, s významem mnoho peří. Slovo fénix je tak složeninou označení pro samce a samici. Stoupavý let fénixe symbolizuje přání dosáhnout harmonie. Jde o mýtického tvora, jenž reprezentuje štěstí. V minulosti byl při komplementárním užití k symbolu draka chápán jako označení pro císařovnu.

首饰。同出土一对，形制相同。镯头錾刻龙首，制作精细，龙口微启露齿。龙首顶部有一金托，似曾嵌珠。镯头内侧以几根线条表示龙下颌。镯上有金托数个，托与托之间以缠枝叶勾连。金托上镶嵌红、蓝宝石，尚有几个空托，应是曾镶嵌珍珠，因长年埋于地下，珍珠已腐蚀，仅存空托。

Dvojice náramků stejné velikosti i zpracování. Náramek tvoří plochý, nespojený kruh. Oba konce jsou zdobeny hlavičkami draků s rozevřenými tlamkami. Na vršku dračích hlaviček byla perlička. Hlavičky draků přecházejí do plochého náramku. Do těla náramků jsou vsazeny barevné safíry. Původně se tam nacházely i perly, které však stářím již zkorodovaly.

金镯
明代（1368~1644年）
直径9、宽1.9厘米
江苏省南京市江宁将军山沐叡墓出土
南京市博物馆藏

Pár zlatých náramků
Průměr 9 cm, šířka 1,9 cm
Dynastie Ming (1368–1644)
Nalezeno v hrobce pana Mu Žueje
v lokalitě Ťiang-ťün-šan v Nankingu
Muzeum města Nanking

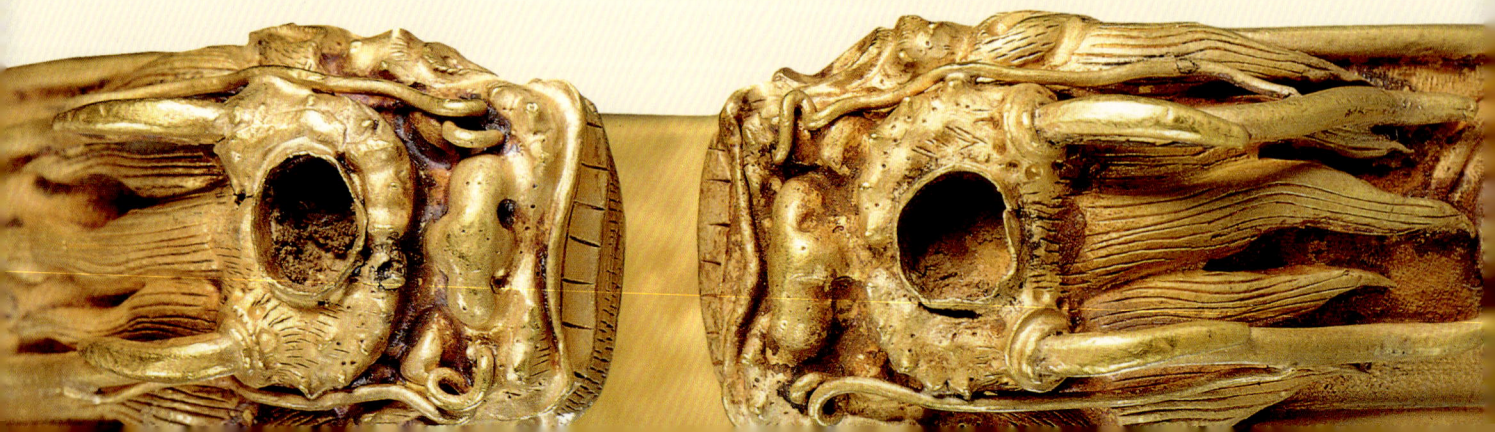

女子头饰。饰凤穿牡丹
纹，两只凤鸟振翅
扬尾，相对伫立，周围有
牡丹花叶环绕，系采用錾
刻、锤鍱等工艺制成，精
巧细腻。

Ozdoba dámského účesu
s tepaným dekorem dvou letících
fénixů, kolem nichž leží pivoňky
v listoví. Ukázka neobyčejně
jemné šperkařské práce.

双凤牡丹纹金饰件
明代（1368~1644年）
高3、长13.2厘米
江苏省南京市蒋王庙出土
南京市博物馆藏

**Zlatá čelenka s dekorem dvou
fénixů a květin**
Výška 3 cm, délka 13,2 cm
Dynastie Ming (1368–1644)
Nalezeno v lokalitě Ťiang-wang-miao
v Nankingu
Muzeum města Nanking

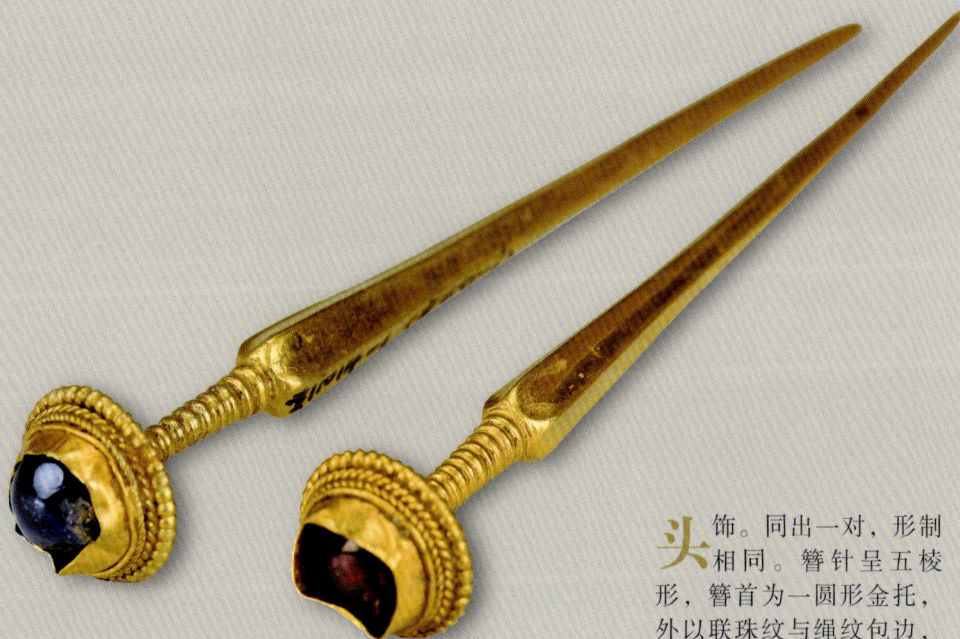

头饰。同出一对，形制
相同。簪针呈五棱
形，簪首为一圆形金托，
外以联珠纹与绳纹包边，
金托内分别嵌红、蓝宝
石。簪针与簪首之间以饰
数道凸弦纹的柱状连接。

Dvě jehlice do účesu, shodného
tvaru a výzdoby. Jehlice mají
pětiboký tvar, na jejichž koncích
jsou do kulovité hlavice zdobené
geometrickým vzorem zasazeny
dva červené rubíny. Mezi jehlou
a hlavicí je plastický vzor
vroubků.

嵌红蓝宝石金簪
明代（1368~1644年）
长9.2~9.4厘米
江苏省南京市江宁将军山M24出土
南京市博物馆藏

Pár jehlic do vlasů s rubíny
Délka 9,2 cm a 9,4 cm
Dynastie Ming (1368–1644)
Nalezeno v lokalitě M24 Ťiang-ťün-šan
v Nankingu
Muzeum města Nanking

镶在腰带上的玉片，既
是装饰品，又是实用
器，同时代表着佩带者的
身份。在明代，玉带仅限于
皇帝、藩王、建立功勋受封
的公、侯、伯、驸马及夫人
使用。玉带板从13~26块不
等，材质、数量依据等级不
同都有着严格的规定。此
玉带板共20块，形状有长方
形、桃形、圭形等，素面无
纹饰。

Plaketky z nefritu či drahých
kovů, někdy zdobené
polodrahokamy, se upevňovaly
na opasek. Opasky byly nejen
praktické, neboť sloužily
k zavěšování předmětů denní
potřeby, ale též symbolizovaly
postavení nositele. Pro výběr
materiálů platila přísná pravidla
podle společenské hierarchie.
V době dynastie Ming byl nefrit
vyhrazen pouze pro císaře,
členy císařské rodiny a jejich
manželky.

玉带板
明代（1368~1644年）
长1.8~9.3、宽1.5~6.5、厚0.7厘米
江苏省南京市太平门外板仓村出土
南京市博物馆藏

Soubor nefritových plaket
Délka 1,8 cm až 9,3 cm, šířka 1,5 cm až
6,5 cm, tloušťka 0,7 cm
Dynastie Ming (1368–1644)
Nalezeno v Nankingu, Tchaj-pching-men-waj
Muzeum města Nanking

玉 质。呈椭圆形，葵口，盘心圆形。器身素面无纹饰。

Nefritová miska má tvar stylizovaného květu se čtyřmi okvětními lístky. Její povrch je však bez dalších ozdob.

四股葵边椭圆形玉盘
明代（1368~1644年）
高0.9、最大径19.5厘米
江苏省南京市太平门外板仓村出土
南京市博物馆藏

Oválná nefritová mísa ve tvaru květu se čtyřmi okvětními plátky
výška 0,9 cm, Délka 19,5 cm
Dynastie Ming (1368–1644)
Nalezeno v Nankingu, Tchaj-pching-men-waj
Muzeum města Nanking

外 壁由三组纹饰组成，近口沿处刻弦纹两周，中间为三组云鹤纹，近底部为山水纹。

Nefritová miska nese tři druhy dekorů. V horní části jsou linky, pod nimi jsou jeřábi v oblacích, kteří se vznášejí na stylizovanou krajinou.

云鹤纹白玉碗
明代（1368~1644年）
高5.5、口径9.8厘米
江苏省南京市江宁将军山沐叡墓出土
南京市博物馆藏

Nefritová miska s rytým dekorem jeřábů v oblacích
Výška 5,5 cm, průměr ústí 9,8 cm
Dynastie Ming (1368–1644)
Nalezeno v hrobce Mu Žueje v lokalitě Ťiang-'tü-šan v Nankingu.
Muzeum města Nanking

釉面有开片。撇口，细长颈，削肩圆腹，圈足。瓶式为玉壶春瓶造型，玉壶春是中国瓷器造型中的一种典型器物。这种瓶的造型定型于宋代，历经宋、元、明、清、民国直至现代。

Porcelán se šedivým střepem. Na vnitřní i vnější stěně je seladonová glazura, místy s trhlinami. Na spodní hraně nožky glazura chybí a odhaluje do červena vypálený střep. Tělo vázy je kulaté a pozvolna přechází do štíhlého krku s výrazně otevřeným ústím. Jedná se o tvarový typ vázy *jü--chu-čchun-pching*. Tento typ je jedním z klasických typů tvarů porcelánu. Tento typ se zafixoval v období vlády dynastie Sung a udržel se i během dynastií Jüan, Ming, Čching, republikánské éry až dodnes.

龙泉窑青釉玉壶春瓷瓶
明永乐（1403~1424年）
高25、口径7.1、底径8.1厘米
江苏省南京市中华门外宋晟夫人墓出土
南京市博物馆藏

Porcelánová váza se zelenkavou seladonovou polevou, dílny Lung-čchüan
Výška 25 cm, průměr ústí 7,1 cm, průměr dna 8,1 cm
Dynastie Ming, vláda císaře Jung-le (1403–1424)
Nalezeno v hrobce paní Sung Čchen v lokalitě Čung--chua-men-waj v Nankingu
Muzeum města Nanking

白 胎，通体施白釉。壶
形似鸭梨，流微曲。
宝珠形盖纽，盖沿及柄上
方各有一小系，用以穿
绳，以防壶盖脱离。

Porcelán s bílým střepem a bílou glazurou. Konvice na nožce má hruškovitý tvar, tělo pozvolna přechází v silnější krátký krk, na jehož ústí leží víčko s ouškem ve tvaru perly. Na víčku a na těle konvičky nad uchem je otvor na provázek, který měl zabránit upadnutí víčka.

白釉瓷梨式壶

明代（1368~1644年）
高12.3、口径3.3、底径5.5厘米
江苏省南京市中华门外宋晟墓出土
南京市博物馆藏

Porcelánová konvice s bílou glazurou

Výška 12,3 cm, průměr ústí 3,3 cm, průměr dna 5,5 cm
Dynastie Ming (1368–1644)
Nalezeno v hrobce Sung Čchen v lokalitě Čung-chua-
-men-waj Lang-ťia-šan v Nankingu
Muzeum města Nanking

盘 体大，但胎不厚重，
器底无釉。盘体内外
以闪青的白釉托起青花纹
样，清雅明丽，盘口绘卷
草纹一周，内壁绘数朵缠
枝牡丹，盘心绘莲花、莲
蓬、荷叶等以带系成一把
称"一把莲"。此盘构图
丰满，虚实得当。

Porcelán s bílým střepem. Talíř
je velkého rozměru, není však
těžký. Na vnitřní i vnější straně
talíře je bílá glazura, na níž je
nanesen modrý dekor, který
vytváří elegantní a zářivý dojem.
Na okrajích je kolem dokola
motiv květů v listoví. Uprostřed
je svázaná kytice pivoněk
a lotosů.

青花把莲纹瓷盘
明代（1368~1644年）
高6.2、口径31.6、底径23.1厘米
传世品
南京市博物馆藏

**Modrobílý porcelánový talíř
s dekorem lotosů**
Výška6,2 cm, průměr 31,6 cm, průměr dna 23,1 cm
Dynastie Ming (1368–1644)
Předmět kulturního dědictví
Muzeum města Nanking

施黄、绿、赭等釉，釉
层较厚。正面浮雕双
目圆睁、凸鼻露齿、蹲伏
远望的雄狮。狮子亦为中
国古代佛教艺术中护法神
的仆从和骑乘。此为明朝
大报恩寺琉璃拱门建筑用
砖之一。

Keramika se silnou vrstvou
žluté, zelené a hnědé glazury.
Vystouplý reliéf do dáli hledícího
sedícího lva s vypoulenýma
očima, velkým nosem,
odhalenými zuby.
Lev v umění čínského buddhismu
symbolizoval pomocníka
a představoval též jízdní zvíře
buddhistických ochránců víry.
Jedná se o kachel z oblouku
Porcelánové pagody v Chrámu
Oplácené vděčnosti z doby vlády
dynastie Ming.

五彩蹲狮纹琉璃砖
明代（1368~1644年）
高43.4、长47.7、厚42厘米
江苏省南京市中华门外眼香庙出土
南京市博物馆藏

**Glazovaný kachel zobrazující
sedícího lva**
43,4 cm x 47,7 cm x 42 cm
Dynastie Ming (1368–1644)
Nalezeno v Nankingu, Čung-chua-men-waj,
Jen-siang-miao
Muzeum města Nanking

施黄、绿、赭等釉。正面浮雕回首正视的白象，背衬卷草纹。大报恩寺塔琉璃拱门建筑用砖之一。白象系中国古代佛教艺术中护法神的仆从和骑乘。

Keramika se žlutou, zelenou a hnědou glazurou. Vystouplý reliéf bílého slona s otočenou hlavou. Na zádech nese lotosový trůn. Bílý slon v umění čínského buddhismu symbolizoval pomocníka a jízdní zvíře ochránců dharmy.
Jedná se o kachel z oblouku Porcelánové pagody v Chrámu Oplácené vděčnosti z doby vlády dynastie Ming.

五彩白象纹琉璃砖
明代（1368~1644年）
高49.9、长47、厚44.5厘米
江苏省南京市中华门外眼香庙出土
南京市博物馆藏

Glazovaný kachel zobrazující slona
49,9 cm x 47 cm x 44,5 cm
Dynastie Ming (1368–1644)
Nalezeno v Nankingu, Čung-chua-men-waj, Jen-siang-miao
Muzeum města Nanking

P 宫廷珍宝
POKLADY PALÁCŮ

　　清代（1644～1911年）定都北京，承德则是护卫北京北部的门户。清代在这里修建了中国现存规模最大的一座皇家园林——避暑山庄。清朝曾有7位皇帝在承德避暑山庄消夏理政、接见地方领袖、朝觐和处理政务等，使这里成为全国的第二个政治中心，见证了我国最后一个王朝的辉煌与衰落。这里珍藏了备受皇家喜爱的各种古玩珍品，室内陈设也源源不断地充实了避暑山庄的殿宇庭园。现存有大量瓷器、珐琅、玉石器等，以宫廷御用珍宝为主，大多由清宫内务府造办处承做，集全国能工巧匠的智慧，选最优材质，造型、工艺精美绝伦，代表了清代科技发展的最高水平。

Dynastie Čching (1644-1911) ustavila za své hlavní město Peking. Čcheng-te (mandžusky Džehol) bylo ochranným bodem, jenž bránil Peking ze severu. V době vlády dynastie Čching byl vybudován největší dodnes dochovaný komplex královských zahrad, takzvaný Letní císařský palác. Celkem zde během letních měsíců úřadovalo sedm císařů, což zahrnovalo přijímání představitelů z různých regionů, císařská slyšení, řešení politických záležitostí a podobně, takže se toto místo stalo druhým politickým centrem Číny. Zároveň je to i místo, které bylo svědkem slávy i pádu poslední dynastie. Uchovaly se zde sbírky nejrůznějších drahocenností a starožitností, které měli císaři v oblibě. Vnitřní zařízení budov i zahrad Letního císařského paláce bylo neustále zvelebováno. Dnes je zde veliké množství u dvora používaného porcelánu, cloisonné, nefritů apod., z nichž většina byla zajištěna Úřadem vnitřních záležitostí čchingského dvora, jenž shromažďoval to nejlepší z celé země. Byly vybírány nejlepší materiály, tvary, unikátní řemeslné techniky, které tak představují nejvyšší úroveň vývoje vědy a techniky v období vlády dynastie Čching.

避暑山庄殿内场景
Interiéry Letního císařského paláce

绢本。工笔设色。绘四季草木花卉、鸟虫，有双雀碧桃，画眉缠枝藤花，双蝶石竹萝卜花，蜻蜓红蓼紫菊花，蚂蚱秋草瓜叶菊，湖石吊钟花，蝴蝶石榴花，韭菜兰，腊梅山茶花等。作品勾染精细，敷色艳丽而清雅，具有生意。每页钤盖印记。款署"马荃写"。1696所作。马荃为清代康熙、乾隆年间(17~18世纪)著名女画家。字江香，江苏常熟人。工花卉，妙得家法。

Malba na hedvábí ve stylu „květiny a ptáci" technikou „pracného štětce" *kung-pi* zachycuje trávu, stromy, květiny a ptáky a hmyz během čtyř ročních období. Jsou zde dva motýli, hvozdík pérovitý, květy ředkve. Dílo je provedeno velmi pečlivě. Zářivými a elegantními barvami vyvolává velice živý pocit. Na každé listu je otisk razítka s nápisem „malovala Ma Čchüan". Datováno do roku 1696.

Ma Čchüan byla slavná malířka aktivní v období vlády císařů Kchang-si a Čchien-lunga (1661–1722). Byla známa pod pseudonymem Vůně řeky *Ťiang-siang*. Narodila se v Čchang-šu v dnešní provincii Ťiang-su.

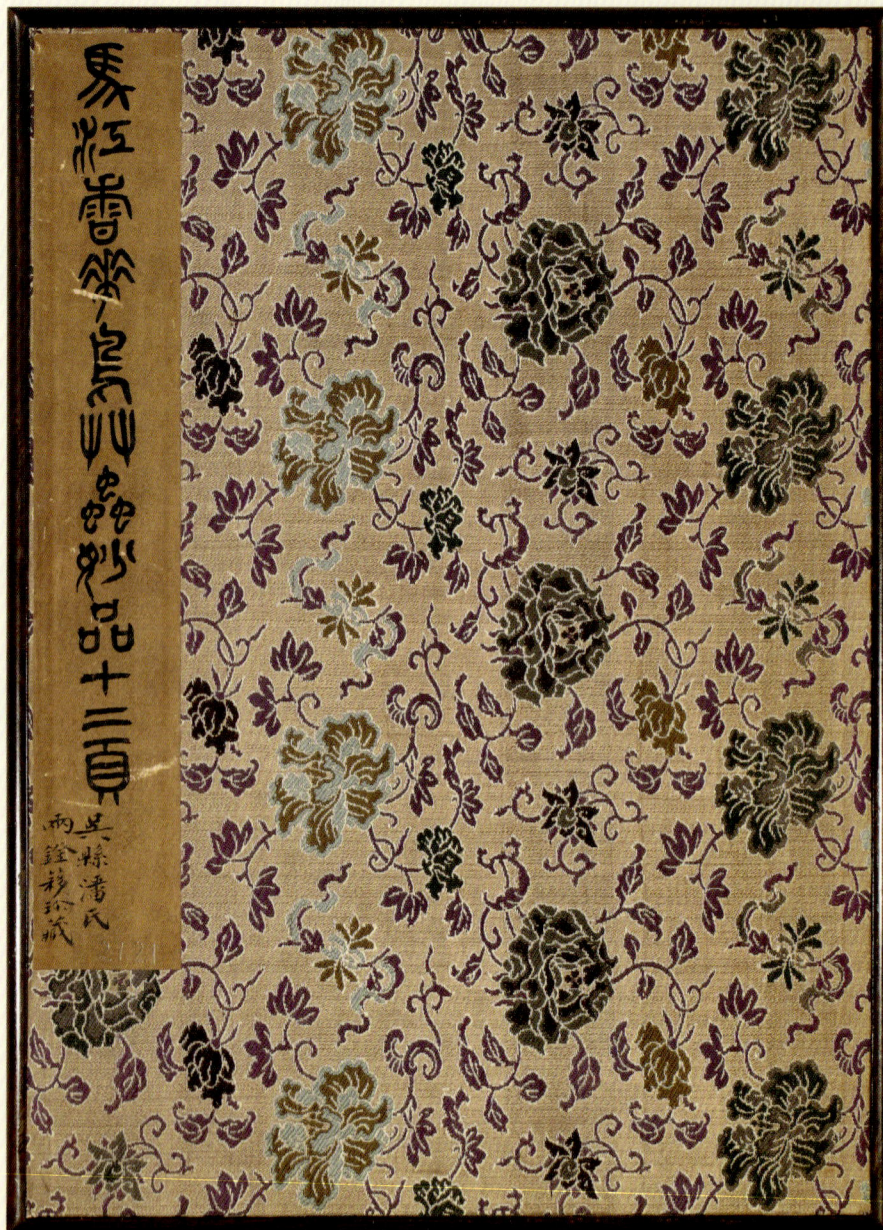

马荃花鸟图册

清代（1644~1911年）
纵24.3、横19.4厘米
征集
南京市博物馆藏

Malba ve stylu „květiny a ptáci", malířka Ma Čchüan (17-18.stol.)

24,3 cm x 19,4 cm
Dynastie Čching (1644–1911)
Muzeum města Nanking

绣花缎地蟒袍

清代（1644~1911年）
通长142、通宽152厘米
传世品
南京市博物馆藏

Vyšívané dračí roucho

Délka 142 cm, délka v rukávu 152 cm
Dynastie Čching (1644–1911)
Předmět kulturního dědictví
Muzeum města Nanking

蟒袍是清代文武官员最常用的礼服，因袍上绣有蟒纹而得名。此件为石青色素缎。样式为立领、对襟，阔袖直身。在前胸、后背、两肩、前后襟及袖端饰团花蟒纹，间夹以杂宝纹。袖端及下摆斜向排列水脚，水脚之上层叠八宝平水纹饰，除表示绵延不断的吉祥含意外，还隐含着"一统山河"和"万世升平"的寓意。

Dračí roucho bylo nejčastějším formálním oblekem vysokých administrativních úředníků. Je pojmenováno podle typického dekoru draků. Tento oděv je z tmavě modrého hedvábí a zapíná se na střed. Je rovného, volného střihu s dlouhými rukávy. Na prsou a na zádech, ramenou a na rukávech je zobrazen drak *mang*. Na spodním lemu rukávů a na dolním lemu roucha leží šikmé linie symbolizující vodu, nad nimiž je zobrazena vzbouřená vodní hladina, čímž se vyjadřovala blahopřejná symbolika štěstí. Též se jednalo o narážku na čínské rčení „jeden vládce sjednotí hory a řeky" *i-tchung-šan-che* a „deset tisíc let prosperity" *wan-š´-šen-pching*. Oděv je podšit hedvábnou tkaninou s tkanými vzory.

米色缎料缝制。样式为圆领，对襟，阔袖，左右开衩。对襟处镶有黑色边饰，领缘、近袖端处、开气及下摆均镶有黑色双排边饰，双排边饰内装饰折枝花卉纹样。纹饰布局作中线对称，左右满饰牡丹纹样，花纹配色生动。

Vyšívaný kabátek rýžové barvy z hedvábného saténu s kulatým lemem kolem krku a zapínáním na střed má rozšiřující se rukávy a rozparky na obou stranách. Na lemech jsou úzké proužky hedvábné tkaniny v černé barvě. Rukávy, spodní lem a okraj kolem krku jsou ozdobeny vyšívanou stuhou s motivem květů a větviček. Motivy na ploše kabátku jsou rozmístěny symetricky. Hlavní ozdobou jsou motivy pivoněk na přední části v živých barvách.

绣花对襟绸袄
清代（1644~1911年）
通长116、通宽139厘米
传世品
南京市博物馆藏

Vyšívaný dámský kabátek
Délka 116 cm, délka v rukávu 139 cm
Dynastie Čching (1644–1911)
Předmět kulturního dědictví
Muzeum města Nanking

霁红釉是以铜为着色剂，经1300℃高温还原焰烧制而成。色调深红，似暴风雨后晴空中的红霞，故名"霁红"。盛行于康熙、雍正、乾隆三朝。特点是釉汁凝厚，釉面有橘皮纹。此盘内外施霁红釉，盘底白釉青花双圈内署"大清雍正年制"双行楷书款。

Glazura tohoto odstínu červené se vyráběla na bázi měděného barviva a vypalovala se při teplotě 1300 °C. Jde o tmavě červený odstín připomínající červánky na modré obroze po právě skončené bouři. Nazýval se různě a spadal do širší kategorie červených polev. Největší popularity dosahovala tato technika v období vlády císařů Kchang-siho, Jung-čenga a Čchien-lunga z dynastie Čching. Glazura je velice hustá a silná. Na spodní části dna je nápis úředním písmem ve dvojitém kruhu „vyrobeno v letech vlády císařeJung-čeng z dynastie Čching".

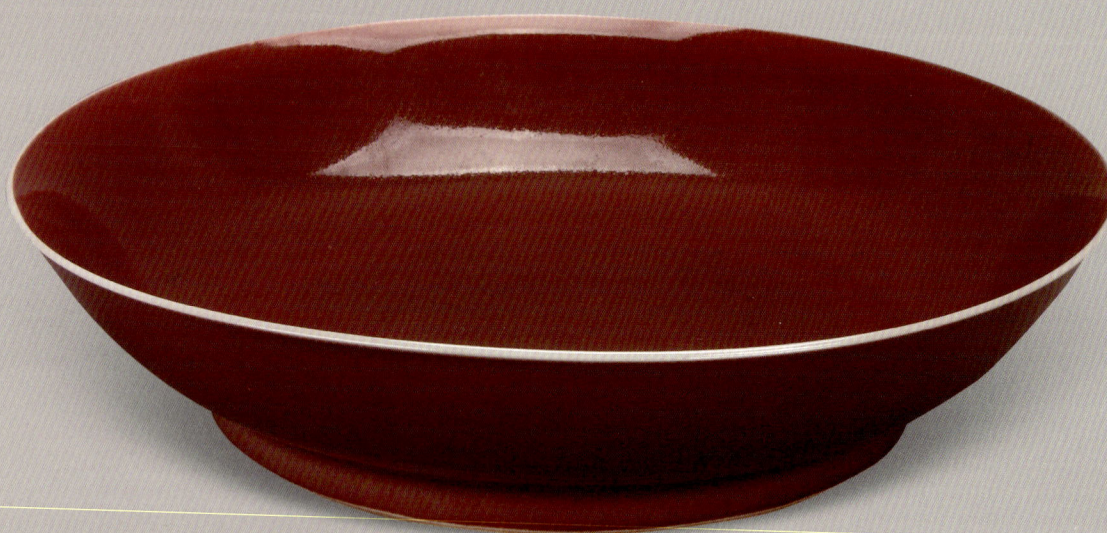

霁红釉瓷盘
清雍正（1723~1735年）
高3、口径13.3、底径8.5厘米
传世品
承德避暑山庄博物馆藏

Porcelánová miska s červenou polevou v odstínu „obětní červená" *ťi-chung*
Výška 3 cm, Průměr 13,3 cm, průměr dna 8,5 cm
Dynastie Čching, vláda císaře Jung-čenga (1723–1735)
Předmět kulturního dědictví
Muzeum Letního císařského paláce v Čcheng-te

白釉青花。颈部绘莲
纹，肩部绘夔形莲瓣
纹，上腹绘折枝牡丹、莲
花和梅花，下腹绘折枝蟠
桃、石榴和荔枝。近底部
绘蕉叶纹。底部用青花署
"大清乾隆年制"三行篆
书款。

Porcelán s bílým střepem. Bílá
glazura s modrým dekorem
květin. Na hrdle je motiv
lotosu, na vrchní části těla jsou
pivoňky, lotos a slivoně. Ve
spodní části broskve, granáty
a liči. V nejspodnější části je
motiv banánovníkových listů.
Na spodní části dna je pečetním
písmem napsáno v šesti znacích
po třech řadách: „vyrobeno v letech
vlády císaře Čchien-lunga
z dynastie Čching".

青花折枝花果纹瓷梅瓶
清乾隆（1736~1795年）
高33、口径7、底径13厘米
传世品
南京市博物馆藏

Porcelánová váza s modrobílým dekorem květin
Výška 33 cm, ústí 7 cm, průměr dna 13 cm
Dynastie Čching, vláda císaře Čchien-lunga (1736-1795)
Předmět kulturního dědictví
Muzeum města Nanking

因瓶腹似圆月，故称"宝月瓶"或"抱月瓶"。明代永乐、宣德景德镇窑常见器物之一，雍正早期烧制，后停烧。乾隆时又有烧制，多为青花。此瓶双耳为卷草形，扁圆腹，腹中心凸起圆脐，椭圆圈足，口沿饰回纹，颈部饰缠枝莲纹，腹侧壁饰缠枝莲纹，腹脐饰莲瓣纹，莲瓣内饰八宝纹，圆脐饰轮花纹，底署青花"大清乾隆年制"三行篆书款。

Porcelánová lahev ve tvaru čutory s vystouplým kruhem ve středové části, na nízké nožce, s vyšším, úzkým hrdlem. Díky svému tvaru se jí někdy říkalo „měsíční". Patřila k jednomu z typů výrobků slavné jihočínské keramické dílny v Ťing-te-čenu v době mingských císařů Jung-le a Süan-te. Vdobě raného období vlády císaře Jung--čenga z dynastie Čching se přestaly vyrábět, výroba byla obnovena za vlády císaře Čchien-lunga, většinou šlo o modře malovaný porcelán. Tato čutora nese kolem ústí motiv meandrů chuej-wen. Včásti hrdla je motiv lotosových květů a listů čchan-č´--lian-wen, který je také po obou stranách nádoby. V prostřední části je motiv lotosových okvětních lístků, ve kterých je dále motiv Osmi pokladů pa-pao-wen. Vystouplý kruh ve středu je ozdoben florálním motivem lun-chua-wen. Značkou na dně je datována do období císaře Čchien-lunga.

清乾隆青花八宝纹瓷宝月瓶
清乾隆（1736~1795年）
高49、口径8、底径16、腹径38厘米
传世品
承德避暑山庄博物馆藏

Porcelánová lahev s modrobílým dekorem
Osmi pokladů
Výška 49 cm, průměr ústí 8 cm, průměr dna 16 cm, průměr těla 38 cm
Dynastie Čching, vláda císaře Čchien-lunga (1736-1795)
Předmět kulturního dědictví
Muzeum Letního císařského paláce v Čcheng-te

此罐带盖，以釉下青花
勾描纹饰，釉上填
绿彩，盖面一条火焰龙戏
珠，盖沿如意云头，罐肩
部为八宝纹，腹部为二龙
赶珠纹，下部为仰莲纹，
底青花"大清乾隆年制"
三行篆书款。龙是中国古
代神话的四灵之一，是在
中华民族的文化中流传最
广、影响最大的一种文化
意识。在秦朝之后用龙指
代皇帝，统治者禁止民间
使用龙纹，自身对龙纹的
厚爱是借通天神兽来表示
自己的非凡能力，以维持
其统治地位。

Tato nádoba s víkem vyniká
modrobílým dekorem pod
polevou a zeleným dekorem
na polevě. Na glazuře je dekor
draků hrajících si s ohnivou
perlou. Víko nese blahopřejný
dekor hlavic „žezla všech
přání" *žu-i*, ramena nádoby jsou
ozdobena tzv. Osmi poklady.
Tělo nádoby je ozdobeno dvěma
draky hrajícími si s perlami.
Ve spodní části u dna je dekor
lotosu. Na dně zespodu je třemi
znaky pečetního písma napsáno
„vyrobeno za vlády velké
dynastie Čching císaře Čchien-
-lunga"
Drak je jedním ze čtyř tvorů
známých již ze starověké čínské
mytologie a je nejvýznamnějším
a nejrozšířenějším symbolem
zapsaným do kulturního
povědomí čínského národa. Od
konce dynastie Čchin odkazuje
k císaři. Vládci zakazovali běžné
užití dračího dekoru. Obliba
dračího dekoru vycházela
z nadpřirozených schopností
mytického zvířete, ke kterým
se odkazovali, jestliže si chtěli
udržet pozici vládce.

白地绿龙斗彩瓷盖罐

清乾隆（1736~1795年）
通高21.4、口径6.7、底径8.6厘米
传世品
承德避暑山庄博物馆藏

Porcelánová nádoba s dekorem draka

Výška 21,4 cm, průměr hrdla 6,7 cm, průměr dna
8,6 cm
Dynastie Čching, vláda císaře Čchien-lunga
(1736–1795)
Předmět kulturního dědictví
Muzeum Letního císařského paláce v Čcheng-te

长颈，垂腹，圈足，通体施窑变釉，红蓝两色交织，釉面呈现细碎的开片，糊米底，阴刻"大清乾隆年制"三行篆书款。

Váza s oválným tělem a vysokým štíhlým tělem je glazována flambé glazurou, která vytváří zajímavý efekt různými odstíny jedné barvy, v tomto případě červené, která přes fialovou přechází do modré. Rytá značka do neglazovaného dna ji datuje do období císaře Čchien-lunga.

窑变釉直口瓷瓶

清乾隆（1736~1795年）

通高45.8、口径5、足径12.5、最大腹径73厘米

传世品

承德避暑山庄博物馆藏

Porcelánová váza

Výška 45,8 cm, ústí 5 cm, průměr dna 12,5 cm, obvod těla 73 cm

Dynastie Čching, vláda císaře Čchien-lunga (1736-1795)

Předmět kulturního dědictví

Muzeum Letního císařského paláce v Čcheng-te

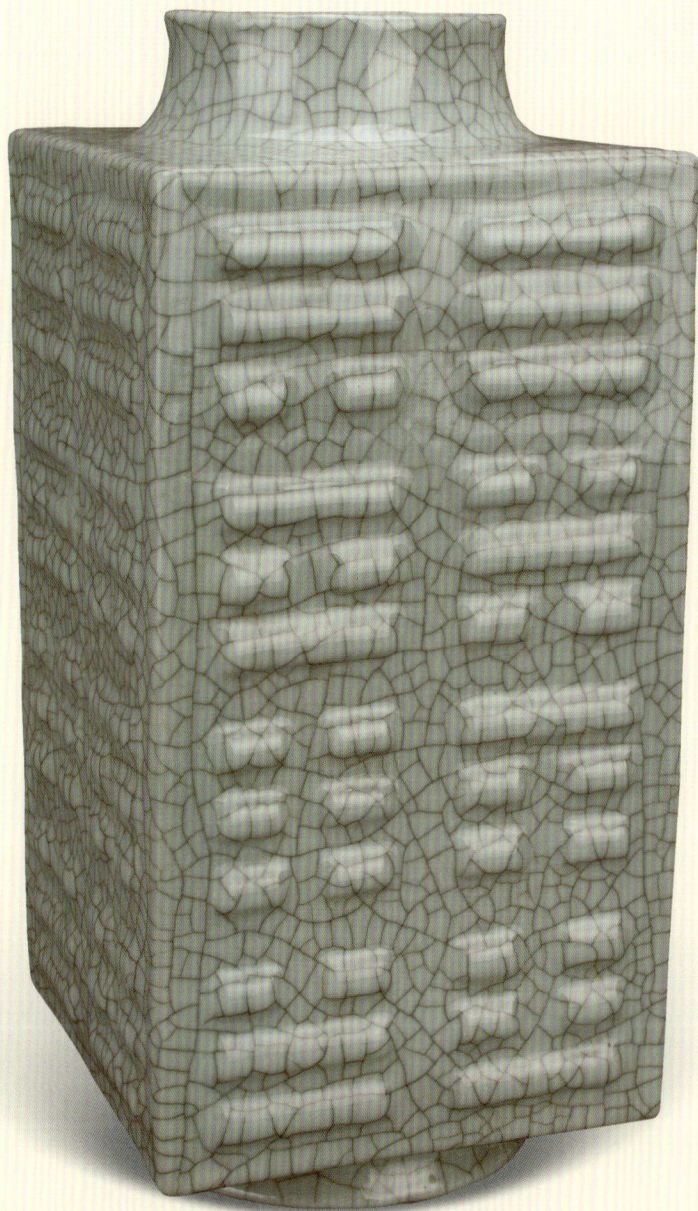

器形如中国古代祭地礼
器——玉琮，口底圆
形，瓶身方形，腹部四面
凸起八卦纹饰，通体施仿
哥粉青釉，有金丝铁线，
足沿平，涂褐紫色，底署
青花"大清乾隆年制"三
行篆书款。"八卦"是中
国古代的一套有象征意义
的符号，由三条长画或断
画组成的八种图式，用于
占卜和象征。

Váza je vysokého obdélníkového tvaru starověkých rituálních předmětů *jü-cchung*, což byly podlouhlé duté kusy nefritu. Stojí na nízké nožce, krk je krátký a široký. Hranaté tělo vázy nese ze všech stran plastický vzor „trigramů", trojic plných a přerušovaných linek, jejichž kombinace se vykládaly v rámci věštebných obřadů. Krakelovaná poleva se nazývala „starší bratr" *ke-jao* a označovala glazury podobné seladonu. Značka na dně datuje vázu do období císaře Čchien-lunga.

哥窑瓷八卦瓶
清乾隆（1736~1795年）
通高28.5、口径8.5、底径11厘米
传世品
承德避暑山庄博物馆藏

Porcelánová váza s dekorem taoistických Osmi trigramů
Výška 28,5 cm, průměr ústí 8,5 cm, průměr dna 11 cm
Dynastie Čching, vláda císaře Čchien-lunga (1736–1795)
Předmět kulturního dědictví
Muzeum Letního císařského paláce v Čcheng-te

轿瓶，因挂于壁面，又称壁瓶、挂瓶。三个并列直筒口，两侧夔龙耳，腹圆形。瓶内和瓶底施松石绿釉，瓶身施珊瑚红釉，口部描金黄地粉彩花卉纹，颈部蕉叶纹，腹部折枝花卉和夔龙纹，中部开光白地粉彩婴戏图，底署青花"乾隆年制"单行篆书款。

Váza ve tvaru čutory na nízké nožce, se třemi štíhlými krky a oušky v podobě dráčků k zavěšení. Zevnitř je nádoba glazována tyrkysovou polevou. Ploché tělo, nožka a krk jsou částečně pokryty korálově červenou polevou s dekorem květin a listoví. Na těle jsou zobrazeny hrající si děti. Hrající si děti patřily mezi časté blahopřejné symboly štěstí a mnoha synů. Značka na spodní straně dna vázu datuje do obdob císaře Čchien-lunga.

粉彩红地开光婴戏瓷轿瓶
清乾隆（1736~1795年）
通高17.7、口径2.5、底径7.2、腹径12.7厘米
传世品
承德避暑山庄博物馆藏

Váza v barevnosti „růžové rodiny"
s dekorem dětí
Výška 17,7 cm, ústí 2,5 cm, průměr dna 7,2 cm, průměr těla 12,7 cm
Dynastie Čching, vláda císaře Čchien-lunga (1736-1795)
Předmět kulturního dědictví
Muzeum Letního císařského paláce v Čcheng-te

此轿瓶器形为常见花瓶、尊等的一半，靠壁一面平坦有孔，以利于悬挂于墙壁上，做家居装饰之用。此轿瓶蒜头口，束长颈，颈两侧粉彩花耳，瓶底有珊瑚红描金连体瓶座，瓶为松石绿釉，口部描金，黄地粉彩勾莲纹，颈部松石绿釉地，绘粉彩缠枝莲、磬、如意头等纹饰，腹部白地粉彩山石、菊花、鹌鹑等，寓意"安居乐业"，颈部黄地仰莲瓣纹，足部蓝彩回纹，背壁白釉金彩朵花纹，底署金彩"乾隆年制"单行篆书款。

Tento typ nádob se mohl zavěšovat na stěnu nebo nad lůžko za ucha po stranách krku nádoby. Váza má oválné tělo s vysokým, poměrně štíhlým krkem s uchy ve tvaru dráčků. Na těle a krku se střídají polevy různých barev. Vnitřek je tyrkysové barvy. Krk s pozlaceným ústím je tyrkysově modrý, s četnými abstraktními a florálními motivy. Na bílém podkladu těla se nachází malba zobrazující skalku, z níž vyrůstají keře s květinami a ptáky. Spodní část těla u nožky je ozdobena stylizovanými okvětními listy lotosu. Motivy představují přání dlouhého a úspěšného života. Porcelánové předměty s polevami a malbami různých barev byly v Evropě velmi oblíbené. Označovaly se názvem převažující barvy a francouzským termínem „famille" (rodina, skupina). Váza je datována do období císaře Čchien-lunga.

粉彩"安居乐业"蒜头口瓷轿瓶

清乾隆（1736~1795年）
通高21.3、口径3.5、底径5.5厘米
传世品
承德避暑山庄博物馆藏

Váza s mnohobarevnou polevou

Výška 21,3 cm, ústí 3,5 cm, průměr dna 5,5 cm
Dynastie Čching, vláda císaře Čchien-lunga (1736-1795)
Předmět kulturního dědictví
Muzeum Letního císařského paláce v Čcheng-te

交龙纽，印文为阳文篆书"太上皇帝之宝"，用于书画鉴赏。

Nefritové razítko s motivem draka nese nápis v pozitivním pečetním písmu „Poklad velkého císaře". Toto razítko se používalo k označení svitkových maleb a kaligrafií z císařských sbírek.

青玉"太上皇帝之宝"玺

清乾隆（1736~1795年）
通高10、印面12.6×12.6、印台高4.6厘米
传世品
承德避暑山庄博物馆藏

Pečetní razítko z nefritu „Poklad velkého císaře"

Razítko výška 10 cm, základna 12,6 x 12,6 cm, výška základny 4,6 cm
Dynastie Čching, vláda císaře Čchien-lunga (1736-1795)
Předmět kulturního dědictví
Muzeum Letního císařského paláce v Čcheng-te

以材质本身形状雕琢山
石松树、亭台、小
桥、祥云、人物等，两面
雕刻，正面上部阴刻楷书
御制白云洞诗一首。

Světlý nefrit je základem řezby
horské krajiny s útesy, stromy,
altánem, můstkem, oblaky
a postavami poutníků. Scenerie
je řezána z obou stran kamene.
Ve vrchní části přední strany je
negativně vyryta báseň o *Jeskyni
bílých mraků.*

青玉刻诗山子
清代（1644~1911年）
高21、宽30、厚9.4厘米
传世品
承德避暑山庄博物馆藏

Dekorativní předmět řezaný z nefritu s vyrytými verši
Výška 21 cm, šířka 30 cm, a hloubka 9,4 cm
Dynastie Čching (1644–1911)
Předmět kulturního dědictví
Muzeum Letního císařského paláce v Čcheng-te

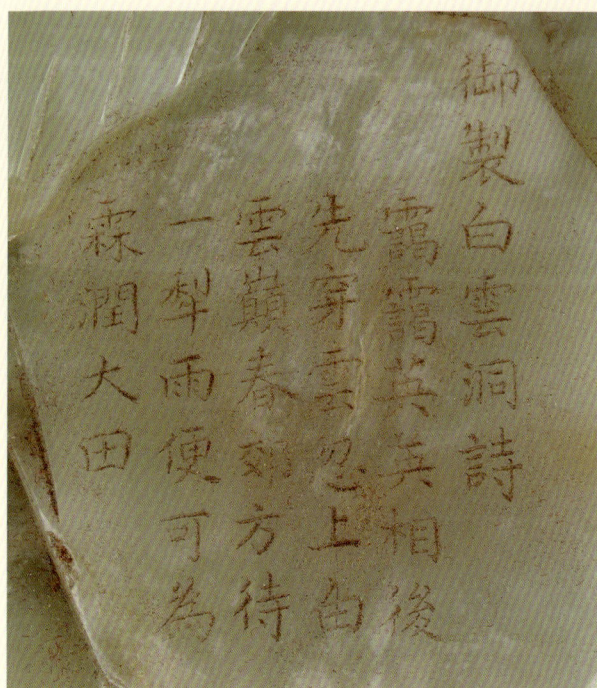

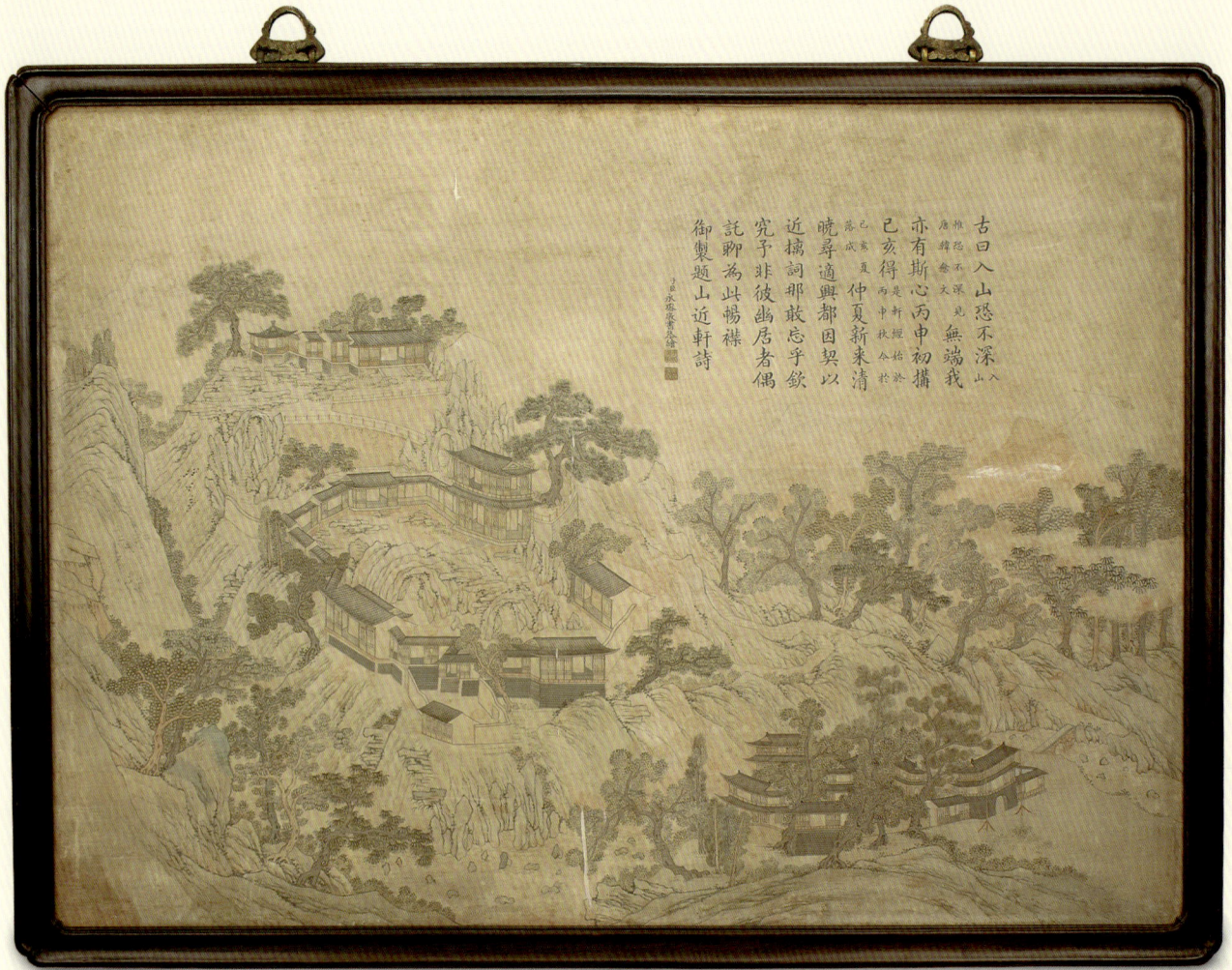

古曰入山恐不深 山
入

惟恐不深 見 無端我
唐韓愈文

亦有斯心丙申初搆
是軒經始於

己亥得 丙申秋 今於
己亥夏 仲夏新來清
落成

曉尋適興都因契以

近攄詞那敢忘乎欽

究予非彼幽居者偶

託聊為此暢襟

御製題山近軒詩

子臣永瑢敬書恭繪

紫檀边缂丝山近轩挂屏

清代（1644~1911年）
横115、纵83、边厚4厘米
传世品
承德避暑山庄博物馆藏

Hedvábný gobelín s motivem horské krajiny

Délka 115 cm, výška 83 cm, šířka rámu 4 cm
Dynastie Čching (1644–1911)
Předmět kulturního dědictví
Muzeum Letního císařského paláce v Čcheng-te

"山近轩"位于清代承德避暑山庄中，今已不存。此挂屏以实景色作画，画面上方有御制题诗。用缂丝技法编制而成，是一件有历史研究和艺术价值的艺术珍品。

Gobelín zasazený do rámu ze palisandrového dřeva zobrazuje dnes již neexistující „Horské sídlo" v areálu Letního císařského paláce v Čcheng-te. Vpravo nad krajinou je kaligraficky zapsaná báseň. Gobelín byl původně zhotoven podle malovaného obrazu. Gobelínová technika kche-s´ patří k nejnáročnějším textilním technikám. Její původ leží na Předním východě, v Číně však dosáhla svého vrcholu. Touto technikou bylo možné tkát složité motivy s drobnými detaily.

紫檀木边框上框和下框为卷云状，上凸下凹，两侧为圆形，屏心织绣松树、寿石、祥云、灵芝、海水、珍珠串织仙鹤两只。整个构图寓意延年益寿，背衬粉绢地绘折枝花图案。

Výšivka je zachycena v rámu nepravidelného tvaru se zaoblenými rohy, jimiž připomíná oblíbený motiv oblak. Výšivka představuje skálu, z níž na pozadí oblak vyrůstá borovice. Další motivy, jako jeřábi a tzv. houba nesmrtelnosti (lesklokorka lesklá), umocňují symboliku výjevu, již je přání dlouhého života. Výšivka je podšita růžovým hedvábím s tkaným vzorem květin.

紫檀边绣花腰圆挂屏

清代（1644~1911年）
横110、纵70、边厚3、环高7厘米
传世品
承德避暑山庄博物馆藏

Vyšívaný obraz

Horizontální délka 110 cm, vertikální délka 70 cm, šířka rámu 3 cm, délka závěsu 7 cm
Dynastie Čching (1644–1911)
Předmět kulturního dědictví
Muzeum Letního císařského paláce v Čcheng-te

铜鎏金掐丝珐琅三式
（一组 3 件）

清乾隆（1736~1795年）
炉高8、口径9厘米；瓶高13、腹径7厘米；
盒高4、口径7厘米
传世品
承德避暑山庄博物馆藏

**Soubor rituálních pomůcek
z cloisonné**

Nádobka, výška 8 cm, vázička, výška 13 cm,
miska, výška 4 cm, průměr ústí 7 cm
Dynastie Čching, vláda císaře Čchien-lunga
(1736-1795)
Předmět kulturního dědictví
Muzeum Letního císařského paláce v Čcheng-te

宫廷御用陈设器。由掐
丝珐琅工艺制成。
清乾隆时期是中国掐丝珐
琅工艺发展的鼎盛期，当
时制造了众多涉及宫廷祭
祀、陈设和生活用品等各
个方面的珐琅制品。在
制作工艺上精益求精，不
惜工本，从而形成了"厚
重坚实、金光灿烂"的乾
隆时期掐丝珐琅器的风格
特点，对后世产生过深远
影响。此炉、瓶（附匙
箸）、盒为一组，均通身
饰缠枝莲纹，底署"乾隆
年制谦"楷书款。

Technikou cloisonné se vyráběly
předměty nejrůznějšího typu,
od drobných dekoračních
a rituálních předmětů až po
vybavení interiérů a nábytek.
Cloisonné z doby císaře Čchien-
-lunga představuje vrchol této
techniky. Předměty jsou masivní,
pokryté barevnými emaily
v zářivých, jasných barvách.
Tento styl ovlivnil vývoj této
techniky po další dlouhá období.
Soubor zdobený florálními
motivy obsahuje vykuřovadlo,
vázičku a krabičku s víčkem. Na
spodní straně je nápis „vyrobeno
v době vlády císaře Čchien-lunga".

清宫佛堂供器。五供指香炉一个，蜡台一对，花觚一对。以五供来敬佛、礼佛是一种礼仪形式，表示对佛、菩萨的恭敬和礼拜。五供器表均饰有蝉纹、兽面、如意纹，口外沿有"大清乾隆年制"六字楷书款。錾胎珐琅即錾胎烧蓝，是在金属胎上錾出花纹，填充珐琅，再经焙烧、镀金而成的一种装饰工艺品。

Soubor rituálního náčiní užívaného k uctění Buddhy a bódhisattvů při buddhistických obřadech u císařského dvora obsahuje vykuřovadlo ve tvaru trojnožky, dva svícny a dvě vázy, zdobené modrým emailem. Nádoby nesou tzv. cikádí vzor *čchan-wen*, masku fantastického zvířete a dekor tzv. žezla všech přání *žu-i*. Vně ústí je nápis složený ze šesti znaků "zhotoveno v době velkých Čching císaře Čchien-lunga".

Technika champlevé vychází z techniky cloisonné. Do kovu se ryly motivy, které se vyplňovaly emaily. Výrobek se posléze vypálil. Výsledek působí jemným dojmem.

清乾隆银錾胎烧蓝五供（一组5件）
清乾隆（1736~1795年）
香炉：高22、最大腹径15.5厘米；
花觚：高25、口径16.5、底径12厘米；
蜡台：高29.9、口径16.5、底径12厘米
传世品
承德避暑山庄博物馆藏

Soubor stříbrných obřadních předmětů, trojnožka, vázy a svícny
Trojnožka, výška 22 cm, průměr 15,5 cm
Váza, výška 25 cm, ústí 16,6 cm, průměr dna 12 cm
Svícen, výška 29,9 cm, ústí 16,5 cm, průměr dna 12 cm
Dynastie Čching, vláda císaře Čchien-lunga (1736-1795)
Předmět kulturního dědictví
Muzeum Letního císařského paláce v Čcheng-te

七珍为佛前常设供器，原为古印度神话中转轮王福力所生之宝。一为轮宝，降伏四方恶魔；二为象宝，佛以形象教人；三为马宝，驱驰四方，跋涉生死大海；四为摩尼宝，净浊水；五为女宝，为转轮王之供养；六为男宝，亦称主藏臣宝，掌宝藏；七为将军宝，是转轮王的护法神。

„Saptaratna" čchi-žen, Sedm vlastnictví čakravartina, pána světa, představuje Kolo, Drahokam, Královnu, Ministra, Slona, Koně a Generála. Tento koncept vycházel ze staré indické tradice a byl přejat do buddhismu. Kolo představuje starobylou zbraň, avšak v buddhismu je symbolem buddhistického učení. Drahokam umožňuje vidět vše křišťálově čistě. Obojí symbolizuje světskou i duchovní moc. Slon a kůň představují nezadržitelnou sílu. Královna poskytuje zázemí, ministr je rádcem a generál ochráncem, jsou tedy obrazem lásky, moudrosti a síly.

铜鎏金錾胎珐琅七珍（一组7件）
清代（1644~1911年）
每件分别通高27.5、腹径8、底径9.4厘米
传世品
承德避暑山庄博物馆藏

Soubor pozlacených rituálních předmětů
Výška 27,5 cm, průměr těla 8 cm, průměr dna 9,4 cm
Dynastie Čching (1644–1911)
Předmět kulturního dědictví
Muzeum Letního císařského paláce v Čcheng-te

宫廷御用器。器物胎壁厚重，金工富丽，掐丝严谨工整。炉盖表面装饰三个菱形开光，开光内为鎏金镂空折枝莲纹，还有三只铜鎏金跪羊，身饰缠枝莲、蕉叶、夔龙、如意、"寿"字纹。三足饰兽头。

Vykuřovadlo užívané u císařského dvora je zhotovené technikou cloisonné, při níž se na kovový povrch do přihrádek ohraničených kovovými drátky nanášejí barevné emaily, které se poté vypálí. Tato technika byla známá již ve středověké Evropě a islámském světě. V Číně se zhotovovaly tvarově komplikované předměty se složitými vzory. Toto vykuřovadlo nese geometrické a rostlinné motivy – lotosy a listy banánovníku, motivy „žezla všech přání" *žu-i*, znaky „dlouhého věku" *šou* a draky. Nohy jsou ozdobeny dekorem fantastického zvířete.

铜鎏金掐丝珐琅三足炉
清代（1644~1911年）
高30.5、腹径39.5厘米
传世品
承德避暑山庄博物馆藏

Zlacené cloisonné vykuřovadlo ve tvaru třínožky
Výška 30,5 cm, průměr těla 39,5 cm
Dynastie Čching (1644–1911)
Předmět kulturního dědictví
Muzeum Letního císařského paláce v Čcheng-te

清 宫供器。塔身为覆钵形喇嘛塔。中设龛门，十三层塔刹，黄釉地饰粉彩缠枝莲纹和狮面璎珞纹，折沿承露盘上为尖顶宝瓶，底座为方须弥座，饰粉彩缠枝莲纹和仰覆莲瓣纹，器底施松石绿釉。

Model buddhistické sakrální stavby určené k uchování posvátných ostatků je zhotoven z porcelánu. Čtvercová základna představuje světovou horu Méru i schůdky, které vedou na terasu, na níž je vlastní stúpa zvonovitého tvaru, s otvorem pro vkládání relikvií, s věžicí se třinácti patry. Stúpa je glazována žlutou polevou. Podstavec v červené barvě je zespodu glazován tyrkysovou barvou.

黄地粉彩瓷塔

清乾隆（1736~1795年）

通高44、座高7.5、底径19厘米

传世品

承德避暑山庄博物馆藏

Porcelánová stúpa k uchování náboženských cenností, v barevnosti „žlutá rodina"

Výška 44 cm, výška podstavce 7,5 cm, průměr dna 19 cm

Dynastie Čching, vláda císaře Čchien-lunga (1736-1795)

Předmět kulturního dědictví

Muzeum Letního císařského paláce v Čcheng-te

主 尊、佛母均为三头六
臂，头戴五叶冠，束
高发髻，饰圆形耳环，身
披璎珞，主尊全跏趺坐于
三角形莲台之上，佛母双
腿跨于主尊腰部，手中均
持法器。密集金刚是藏传
佛教密宗格鲁派崇奉的五
大本尊之一。

Guhjasamádža je tantrickým
božstvem školy Gelug.
Mnohoruký, se třemi tvářemi
a vysokým uzlem vlasů, na němž
sedí koruna, je zobrazen na
lotosovém trůně v objetí se svoji
partnerkou.

铜鎏金密集金刚双身佛像
清代（1644~1911年）
高28.6、底座18×13.3×6厘米
传世品
承德避暑山庄博物馆藏

**Zlacená plastika božstva
Guhjasamádžy**
Výška 28,6 cm
Dynastie Čching (1644–1911)
Předmět kulturního dědictví
Muzeum Letního císařského paláce
v Čcheng-te

盘发成髻，头戴五叶冠，丰乳细腰，右手与愿印，左手说法印，额头、手心、脚心加双眼共七只眼睛，左手拈一枝莲花，右臂缠绕一枝莲花，全跏趺坐于三角形莲台之上，莲台底板刻十字金刚杵。

Tára sedí na lotosovém trůně jako krásná, mírně se usmívající dívka ozdobená šperky, náhrdelníky, nákotníky, náramky a náušnicemi. Na hlavě má korunu s pěti špicemi. Tělo jí ovíjí lehký šál. Má sedmero očí: na čele, na chodidlech a dlaních. Jejím hlavním ikonografickým atributem jsou dva lotosy. Jeden lotos drží v levé ruce, druhý se zdá vyrůstat z jejího těla.

铜鎏金白度母佛像

清代（1644~1911年）
高17、底座11×8厘米
传世品
承德避暑山庄博物馆藏

Zlacená plastika Táry, bódhisattvy v ženské podobě

Výška 17 cm, podstavec 11 x 8 cm
Dynastie Čching (1644 –1911)
Předmět kulturního dědictví
Muzeum Letního císařského paláce v Čcheng-te

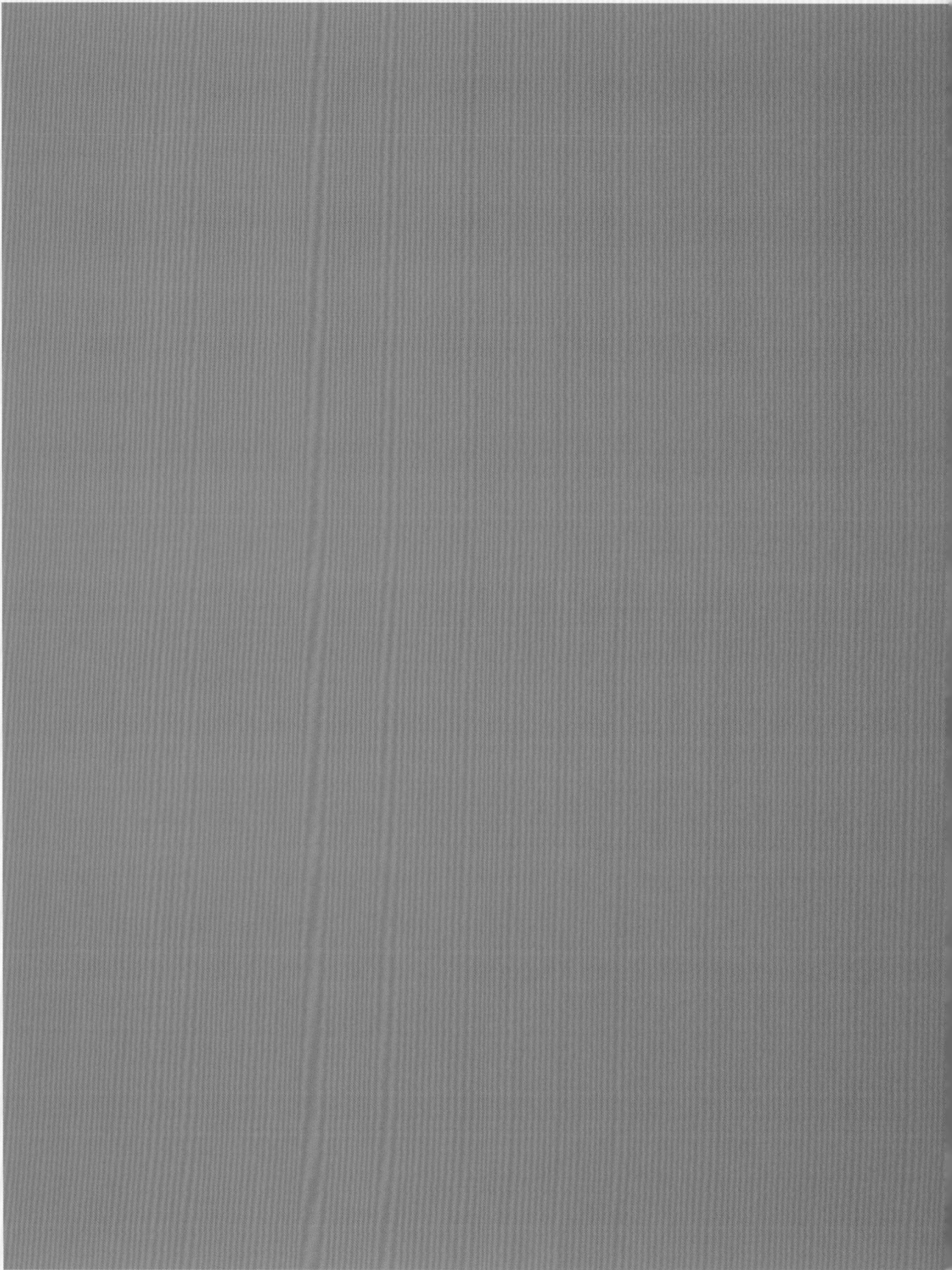

T专题文章
EMATICKÉ STATĚ

从考古发现看唐代文化兼容并蓄的特点

陕西历史博物馆 胡薇

摘要：唐代是一个开放的时期，通过丝绸之路，大量胡人进入中国，同时带来了异域文化，唐朝以开放、包容的态度吸收融会了这些外来文化，并创造出色彩斑斓的唐代文化。本文通过西安及附近地区出土的唐代文物为例证，初步分析了唐代文化兼容并蓄的特点。

关键词：胡人 胡风 金银器 玉石器 瓷器 兼容并蓄

唐代是中国古代最为强盛的时期。它拥有高度发展的生产力，先进的农业、手工业和欣欣向荣的科技文化。唐朝版图辽阔，在7世纪中叶达到极盛时期，东起日本海，西至里海，北到西伯利亚，都在唐势力范围之内。唐代是一个善于总结继承又善于吸收摄取的朝代，它在继承和发展的过程中，与草原文化、海洋文化、商业文化等交相编织，成为荟萃亚欧文明精华的结晶，也正是由于对外来文化的兼容并蓄，把唐文化推进到大一统的极致，并使之熠熠发光。

一

唐王朝注重国与国之间的密切联系。与周边各国及中亚、西亚、北非诸国都有往来。唐长安设有外交机构鸿胪寺和专门接待外国宾客的礼宾院，《唐会要》记载对于各国入唐的使节，唐王朝提供资粮。正是这种大国优惠政策，使唐朝出现了"万国来朝"的盛况。唐章怀太子墓出土的壁画《客使图》，正是描绘了唐朝官员接待来自东罗马帝国、新罗以及东北少数民族使节的情景。

盛唐时期长安城商业活跃、市场繁荣，常住人口近百万，是当时世界上最繁华的国际化大都市。开明宽容、自强自信的大唐王朝仍以博大的胸怀接纳了这些文化、人种、背景迥异的域外来客。据史料记载，高峰时期生活在长安城里的胡人有十多万之巨。

胡人进入长安，或为使、或为商、或为伎、或为僧，也有部分胡人通过科举等渠道跻身唐王朝的文官武将之列，而唐王朝也设置了专门机构处理涉及胡人的事务。西安附近唐墓出土的唐代胡俑，可使我们领略神形各异的胡人风采。

其一，深目高鼻，大胡须，头戴幞头。唐人注意胡人容貌"深目高鼻"、"赤发虬髯"之特征，殆以成习，

客使图
1971年陕西省乾县章怀太子墓墓道出土
Příjezd poselstev. Freska
Objeveno roku 1971 v hrobce prince Čang Chuaje (654-684), provincie Šen-si

彩绘胡人俑
1956年陕西省西安市西郊枣园出土
Polychromovaná plastika cizince. Hrobová figura
Nalezeno roku 1956 v Si-anu, lokalita Si-ťiao-cao-jüan

白瓷胡人头像
1956年陕西省西安市东郊段伯阳墓出土
Hlava cizince z keramiky s bílou polevou. Hrobová figura
Nalezeno roku 1956 v Si-anu, v hrobce pana Tuan Po-jang

岑参诗云"君不闻胡笳声最悲，紫髯绿眼胡人吹"，深目高鼻、多须髯是中亚人的重要特征。在唐代，此地属昭武九姓粟特人活动区域，粟特人属东伊朗人的一支，善于经商，他们受汉文化影响深远，戴幞头属自然之举。段伯阳墓出土的白瓷胡人头，虽深目高鼻，却头戴翻沿帽，与戴幞头者有别，《通典》载大食"其国男夫鼻大而长，瘦黑，多须髯，似婆罗门"，大食人由于宗教信仰和民族习惯，着装较为严格，与此相符。

其二，辫发者。或辫发交缠于脑后，或辫发后在两耳之上各盘一发髻。《唐会要》载吐蕃为辫发民族，且当时蓄吐蕃奴婢已成风气。此类俑出土量较大，且多为马夫奴婢等身份。

其三，头戴尖顶帽。尖顶帽作为一种主要首服，在西域古代居民及北方民族的生活中占有一定地位，中亚、西伯利亚许多民族及回鹘均习用之。

其四，剪发，以锦巾束发。史载蒙古人种最典型的剪发民族是龟兹人，《旧唐书·西戎传》龟兹国"男女皆剪发，垂与头齐"。

其五，黑人。唐代黑人是个含混的概念，卷发黑

彩绘胡人俑
1953年陕西省咸阳市底张湾唐墓出土
Malovaná plastika příslušníka nečínských národností. Hrobová figura
Nalezeno roku 1953 v hrobové lokalitě u města Sien-jang v provincii Šen-si.

三彩胡人俑
1986年陕西省西安市西郊出土
Keramická hrobová figura s trojbarevnou polevou
Nalezeno roku 1986 v hrobové lokalitě u města Sien-jang v provincii Šen-si

三彩龟兹人俑
1955年陕西省西安市出土
Plastika muže v šátku pocházejícího z Kuče, oblasti západně od čínského
území. Hrobová figura
Nalezeno roku 1955 v Si-anu

彩绘黑人俑
1948年陕西省长安县嘉里村裴氏小娘子墓出土
Figura muže tmavé pleti s kudrnatými vlasy
Nalezeno roku 1948 v hrobce paní Pchej v lokalitě Ťia-li-cchun v provincii
Šen-si

三彩釉陶昆仑人俑
1971年陕西省礼泉县郑仁泰墓出土
Plastika s trojbarevnou polevou zobrazující cizince z „Kchun-lunu"
Nalezeno roku 1971 v hrobce Čeng Žen-tchaje (601-663) v provincii Šen-si

身者均是唐人眼里的黑人，被笼统地称为"昆仑"或"昆仑奴"。《旧唐书》卷一九七《林邑国传》载"自林邑以南，皆卷发黑身，通号为昆仑"。1948年陕西省长安县嘉里村裴氏小娘子墓出土的黑人俑为细螺髻，应是东非黑人。1972年陕西省礼泉县郑仁泰墓出土卷发俑一个，肤色较浅，应属南海昆仑人。唐代黑人多从事仆人、水手、农耕等工作。

二

大量胡人进入唐境，必然带来他们的饮食起居、衣冠服饰、宗教信仰乃至风俗习惯，唐朝廷对于这些远方殊俗基本上是采取兼容并蓄的态度，《唐会要》载"大历十四年下诏，回纥、诸蕃驻京师者，各服其国之服，不得与汉相参"，即让他们各从其俗、各行其是。由此异俗文化也就在中华大地上盛行起来，元稹诗云"自从胡骑起烟尘，毛毳腥膻满咸洛，女为胡妇学胡妆，伎进胡音务胡乐"。唐朝人追求外来物品的风气渗透了唐朝社会的各个阶层和日常生活的各个方面。

在饮食上，各种不同制作方法的美味佳肴因其新异被纷纷引入筵厨。搭纳、毕罗、胡麻饼等胡食成为人人喜食的食品。西域酿制的葡萄酒以及波斯传入的三勒浆洋酒，则成为公卿权贵们珍爱的饮料。

胡服、胡妆因其新奇诡异及简洁便利被唐人吸纳和仿效。甚至妇女也改戴胡帽，着翻领窄袖对襟的胡装在街市策马驰骋，这种风尚到盛唐时达到顶点。《新唐书·五行志》："天宝初，贵州及士民好为胡服胡帽，妇人则簪步摇钗，衿袖窄小。"这种包含波斯、回纥等成分在内的装束，使唐朝妇女耳目一新，胡服成为唐代妇女的一个独特爱好。

唐代音乐舞蹈吸收和融合了少数民族和外国乐舞中的新鲜因素。唐乐部中的西凉乐、高丽乐、天竺乐、龟兹乐、疏勒乐等，都是由域外周边民族国家中传来的新乐，其中尤以龟兹乐和西凉乐对隋唐音乐影响最大。许多乐器如羯鼓、答腊鼓、筌篌、琵琶、筚篥等亦多是域外传入的新乐器。民间所盛行的舞蹈也多来自西域，胡

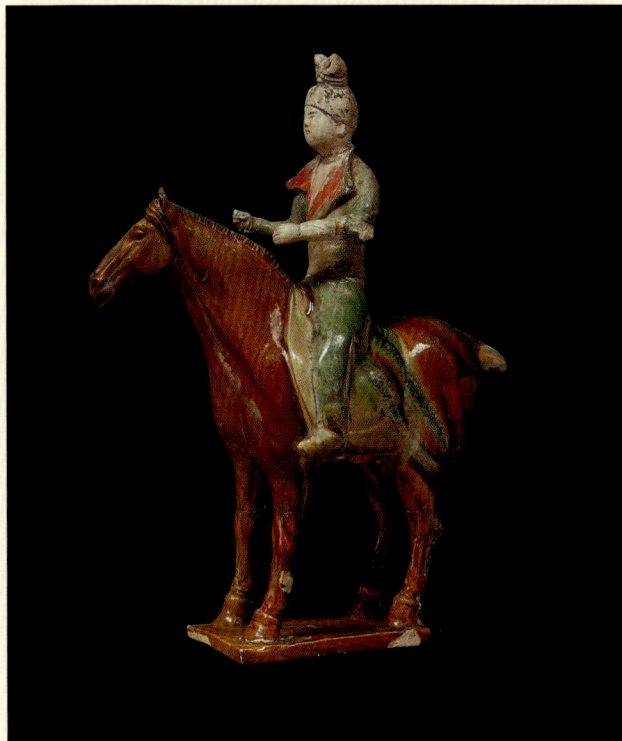

三彩胡服骑马女俑
1960年陕西省乾县永泰公主墓出土
Jezdkyně na koni, keramika s tříbarevnou polevou. Hrobová figura
Nalezeno roku 1960 v hrobce princezny Jung-tchaj (684?-701), provincie Šen-si

彩绘戴胡帽女立俑
1952年陕西省咸阳市杨谏臣墓出土
Žena v nomádském obleku a čapce, keramika s trojbarevnou polevou
Nalezeno roku 1952 v hrobce pana Jang Ťien-čchena (zemřel 714),
provincie Šen-si

乐舞图
1952年陕西省西安市东郊苏思勖墓出土
Taneční scéna. Freska.
Nalezeno roku 1952 v hrobce Su S´-sü v Si-anu, provincie Šen-si

马球图
1971年陕西省乾县章怀太子墓出土
Hráči póla. Freska
Objeveno roku 1971 v hrobce prince Čang
Chuaje (654-684), provincie Šen-si

域的乐器及舞蹈。

　　竞技方面则传入了打马球等项目。打马球是在唐朝由伊朗经由西域传入唐朝的一种游戏。乾陵章怀太子墓室壁画中有"马球图"，说明章怀太子生前曾热衷于此道。打马球需上等良马，717年于阗曾向唐贡献两匹上等打球马。

　　佛教自汉代传入中国，隋唐以后为中国文化所吸收，成为中国化的佛教。唐玄宗开元年间长安城中有僧寺六十四座、尼寺二十七座，随着大批域外人士的来华，也带来他们各自信仰的宗教。中亚及西亚所信奉的伊斯兰教、景教、摩尼教、祆教等均流传于两京及全国各地，并获得合法地位的发展。景教是基督教的一个教派，于贞观九年（635年）派大秦教士阿罗本（叙利亚人）来到长安，受到唐廷的礼遇，并于长安义宁坊赐建景寺一所，高宗时准诸州置景寺。现存于西安碑林的《大秦景教流行中国碑》，立于唐德宗建中二年（781年），说明了唐代景教在中国内地二百多年的传教历程。唐咸通十五年（874年）苏谅妻马氏墓志，用波斯婆罗钵文和汉文合刻，记载了波斯祆教徒在长安受到的宽容。唐代可说是诸教并存、各行其道的时代。

旋舞原出康国（今亚撒马尔罕），胡腾舞原为中亚塔什干的民间舞蹈，于唐初传到中国，柘枝舞是从中亚传来的舞蹈。苏思勖墓出土的壁画《乐舞图》反映了来自西

三

　　外来文化传入大唐，极大地丰富了唐人的文化生

摩羯纹金杯
1981年陕西省西安市太乙路出土
Mísa s dekorem kozorohů
Nalezeno roku 1981 v Si-anu, lokalita Tchaj-i-lu

鎏金双狮纹银碗
1971年陕西省西安市何家村窖藏出土
Zlacená mísa s dekorem dvou lvíčků
Nalezeno roku 1971 v Si-anu, lokalita Che-ťia-cchun

活。对于扑面而来的"胡风"（包括中国边疆各少数民族，也包括中亚、西亚、东南亚等地甚至西方的文化因素），唐统治者并不是一味地摄取，而是立足于本民族的审美情趣，博采众长而择优吸取，从未在主体上失去自我，他们并未胡化，而只是对胡文化加以消化，从而使得唐文化更加绚丽多姿。这一点从唐代遗存的金银器、玉石器、陶瓷器中可见一斑。

皇室贵族对金银器皿的喜爱，促进了金银器的生产。唐代金银矿开采兴盛，中央官府专设金银器制作机构，制作技艺大大提高。同时，随着丝绸之路繁荣而来的西亚和中亚等地外来金银器的强烈影响，唐代器物的纹样和形制的特征，十分明显地显露出受到中亚粟特、西亚萨珊和地中海沿岸东罗马等地金银器的影响，如萨珊式联珠纹，印度式摩羯纹；圈足杯，环形柄被认为具有粟特风格，高足杯受拜占庭影响，多曲长杯则被判定为模仿萨珊朝，也可能有粟特等地的影响，但又有所变化。在制作技术上除铸造成型外，主要采用锤鍱技术，这种工艺不是我国传统的工艺，它是西方金银器主要成型方法，在拜占庭、波斯以及中亚都久有传统，有些器物在器胎上嵌贴凸凹起伏的花纹片使整体为半浮雕式，更是直接学习了西方金银器皿的做法。摩羯纹金杯是唐人消融改造外来文化的典范，杯呈海棠形，它同八曲长杯是血脉相连的，又具有中国特色，杯底的主题纹饰摩羯纹带有浓郁的印度文化色彩，每个海棠瓣中又刻有我国传统的鸿雁纹饰，洋溢出唐代特有的美感，而这种美感和粟特艺术实有相通之处。底衬以漩涡式蔓草，杯沿刻莲瓣一周，圈足边沿为联珠，中西合璧，相得益彰。何家村窖藏出土的鎏金双狮纹银碗，碗体上锤鍱出一周如意云头，这种在碗壁上以锤鍱技术制作出凹凸纹样的手法在古代中亚、西亚都十分流行，碗底主纹饰外围环绕着绳索纹圆框的装饰手法在萨珊银器中被称为"徽章式纹样"，作为主纹饰的狮子则来自西方，据《新唐书》记载，吐火罗国、米国、波斯以及大食国都曾向唐朝进贡过狮子。而双狮口中的折枝花和碗体装饰的如意云头纹为典型的中国传统纹样。

　　唐代玉石器在器型上与外来文化的因缘要多于纹饰，受到拜占庭、粟特、波斯等地的影响，但又有所变化。玉器唐代出土不多，西安何家村窖藏是重要的一批，制作这些玉器的原料多来自于阗，也有来自其他地区，如骨咄国（为西突厥的一支，位于帕米尔西部）。波斯、石国、于阗、南诏、拂菻、吐火罗等均有向唐进献宝石的记载。何家村出土的各类玉器、宝石器都应是唐工匠利用外来原料，借鉴外来风格在唐地所造。兽首玛瑙杯的造型与西方"来通"相似。"来通"起源于西方，希腊的克里特岛在公元前1500年已出现此种器物，希腊人称之为"来通"（rhyton），它像一只漏斗，可用于注神酒。当时人们相信来通角杯是圣物，用它注酒能防止中毒，关于兽首玛瑙杯的产地与年代仍在讨论之中，有人认为是8世纪唐人的仿制品，有人认为是外来物品，年代在7世纪之前。高足杯不是中国传统的器形，通常被认为起源于罗马，拜占庭时沿用，后由萨珊经丝绸之路传入我国。高足杯在唐代银杯中常可以看

到。大和文华馆和陕西历史博物馆均藏有滑石高足杯。滑石杯口径大于杯身，腹部有棱。这种腹部带折棱的做法，在中国传统的杯类器皿中少见，而西亚、中亚器皿中却常见。折腹高足滑石杯应是模仿当时流行的金银器皿样式而制。何家村窖藏出土有白玉忍冬纹八曲长杯，其形制完全是萨珊式，但纹饰则是直接继承了南北朝时期流行的忍冬纹。何家村出土的玉带銙，每一块上的纹饰都为一胡人形象，或奏乐或舞蹈，显现出它与西域文化的渊源。

　　瓷器是我国的一大特产，在唐代大量运销国外，不可避免地同域外的联系极多。白瓷双龙柄壶即吸收了胡瓶造型的特点而烧制，唐代文献中常提及胡瓶，胡瓶硕长挺拔，在拜占庭、萨珊波斯常见于金属制品，这种造型传入中国后流行于隋至唐初时期。白瓷双龙柄壶在胡瓶的基础上大加改造，用一对中国传统吉祥喜庆纹样双龙成耳作装饰，其瓶身特点仍是波斯银器细颈、大腹、长柄。白瓷高足钵上浮雕大圆珠连

兽首玛瑙杯
1971年陕西省西安市何家村窖藏出土
Onyxový pohár ve tvaru zvířete s rohy
Nalezeno roku 1971 v Si-anu, lokalita Che-ťia-cchun

高足滑石杯
1974年陕西省西安市南窑村土壕出土
Pohár na vysoké nožce z měkkého kamene
Nalezeno roku 1974 v Si-anu, lokalita Nan-jao-cchun

白玉忍冬纹八曲长杯
1971年陕西省西安市何家村窖藏出土
Nefritová miska s dekorem zimolezu japonského
Nalezeno roku 1971 v Si-anu, lokalita Che-ťia-cchun

胡人伎乐纹白玉带铐
1971年陕西省西安市何家村窖藏出土
Nefritové ozdoby opasku s motivy cizozemských hudebníků a tanečníků
Nalezeno roku 1971 v Si-anu, lokalita Che-ťia-cchun

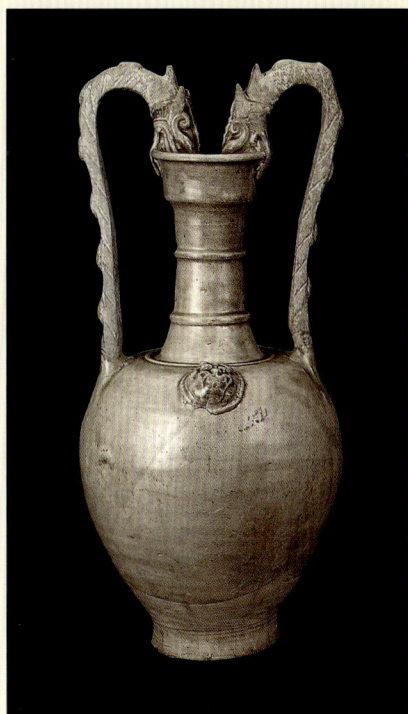

白瓷双龙柄壶
1958年陕西省博物馆征集
Keramická váza s bílou polevou a dvěma uchy ve
tvaru draků
Od roku 1958 ve sbírce Historického muzea provincie Šen-si

白瓷高足钵
1956年陕西省西安市东郊段伯阳墓出土
Keramická váza s bílou polevou na nožce
Nalezeno roku 1956 v Si-anu, v hrobce pana
Tuan Po-jang

白瓷皮囊壶
1956年陕西省西安市白家口出土
Keramická nádoba s bílou polevou ve tvaru
koženého vaku na vodu
Nalezeno roku 1956 v Si-anu, lokalita Paj-ťia-kchou

缀的装饰是在地中海沿岸产生的，它毫无疑问地可以与那些联珠纹、浮雕作装饰的西方银器联系起来。皮囊壶是契丹族的代表器形，本是由皮革制成的盛水器皿，以其为装饰题材用瓷土烧制出来，使得中国本土瓷器充满了异域情调。

四

上述列举的器物，只是从众多考古发现中撷取了一些具有代表性的，都是西安及其附近地区出土，唐代国都长安（今西安市）是当时世界上规模最大、最繁华的都市，在这里，中国与世界广泛交往，这一时期陕西出土的文物也最能反映隋唐文化通过摄取、创新、发展，达到了前所未有的高度。兼容并蓄的唐代文化绝不是凭空产生，它植根于唐代社会经济的持续发展、国家的统一和政治的强大，表现出开放性、包容性和创新性的特点。

开放性。唐统治者对外来民族和外来文化抱以开放的态度，唐高祖李渊曾说："胡越一家，自古未有也。"太宗李世民也曾说："自古皆贵中华，贱夷狄，朕独爱之如一。"唐代由于"丝绸之路"的畅通，大量外国人和外国物品不断涌入，使唐王朝成了当时世界上最为开放的国家。唐朝人对认识世界和与世界沟通，比开通"丝绸之路"的汉代人有着更大的热情、更多的好奇以及更为广阔的胸襟。他们乐于接受包括生活方式在内的一切外来事物。正是这种虚怀若谷的态度，使得唐既保持了对本民族文化的自信，又保持着对外来文化的谦虚，从而使得中外文化交流得以空前发展。

包容性。唐帝国之所以能吸引邻近民族和各国人士蜂拥而至，是因为它具有文明世界的优越性。国力强盛、制度完备、经济基础坚实、科学技术领先等等，对诸边周国有着极大的吸引力。也正是这种优越性产生的自信心和自豪感，使整个国家洋溢出一种积极进取、开放包容的精神和心态。对外来文化，以海纳百川的博大胸怀，为我所用，使中华文明益显成熟丰满，光彩照人。正如鲁迅所言："汉唐虽然也有边患，但魄力毕竟雄大，人民具有不至于为异族奴隶的自信心，或者竟未想到，凡取用外来事物的时候，就如将俘来一样，自由驱使，绝不介怀。"

创新性。唐代在吸收外来文化时，不是一味地全部吸取，而是有所取舍，在吸收消化外来文化元素的基础上，将其与本土文化融会贯通，从而创造出前所未有的具有世界性的唐代文化。

回望大唐，那是一个充满自信与创造，开放与合作，交流与融合的伟大时代。通过丝绸之路，中华文明远播域外，同时也载来了异国文明，这时的中华文明既有强大的辐射力，又有巨大的包容力。这个时期，是中华文明与世界文明相互交汇、相互激荡的时期，是中华文明历史上最为色彩斑斓的时期。

参考文献：

[1] 徐连达：《唐朝文化史》，复旦大学出版社，2003年。
[2]（美）谢弗：《唐代的外来文明》，中国社会科学出版社，1995年。
[3] 王仁波：《隋唐文化》，学林出版社，1997年。
[4] 向达：《唐代长安与西域文明》，三联书店，1957年。
[5] 林梅村：《汉唐西域与中国文明》，文物出版社，1998年。
[6] 中国社会科学院考古研究所编著：《唐长安城郊隋唐墓》，文物出版社，1980年。
[7] 齐东方：《唐代金银器研究》，中国社会科学出版社，1999年。
[8] 葛承雍：《唐韵胡音与外来文明》，中华书局，2006年。
[9] 韩建武、胡小丽编著：《岁月存照——陕西古代墓俑》，三秦出版社，2006年。
[10] 齐东方、申秦雁主编：《花舞大唐春——何家村遗宝精粹》，文物出版社，2003年。
[11] 韩建武：《外来文化对唐代玉石器琉璃器的影响》，《收藏家》2006年，第10期。

RŮZNORODOST TCHANGSKÉ KULTURY V ARCHEOLOGICKÝCH NÁLEZECH

Historické muzeum provincie Šen-si   Chu Wej

Období dynastie Tchang bylo kulturně velice otevřené. Do Číny po Hedvábné stezce přicházelo mnoho cizinců, kteří přinášeli cizí kulturní zvyklosti. Dynastie Tchang svým otevřeným, tolerantním postojem tyto cizí kultury absorbovala a integrovala. Zároveň se takto utvářela barvitá tchangská kultura. Tento článek analyzuje pomocí příkladů archeologických nálezů z oblasti města Si-an a jeho okolí různorodost tchangské kultury.

Dynastie Tchang patří k jednomu z nejvýznamnějších období v dějinách Číny. Byla to doba nebývalé ekonomické prosperity, vojenské síly, pokročilého zemědělství, rozvoje řemesel a technologií. Panovníci této dynastie si vážili tradic, avšak snadno přijímali nové myšlenky. Tchangská společnost mísila tradiční i nové hodnoty původního zemědělského obyvatelstva a městské společnosti obchodníků, kteří obchodovali po Hedvábné stezce i se zámořím. Různorodé kultury, které přicházely zvnějšku, posouvaly tchangskou společnost až k vrcholnému rozmachu.

I.

Tchangská dynastie kladla důraz na úzké vztahy s ostatními zeměmi. V hlavním městě Čchang-an byl zřízen úřad určený výhradně k přijímání zahraničních hostů a ministerstvo, které mělo na starost diplomatický styk s okolními zeměmi i se vzdálenými oblastmi střední Asie, západní Asie a severní Afriky. Scénu přijímání poselstev přicházejících z Východořímské říše, zástupců starého korejského státu zvaného Silla a dalších menších národů ze severovýchodu dnešní Číny zobrazuje freska „Příjezd poselstev" pocházející z hrobu tchangského prince Čang Chuaje (654-684).

Nedaleko Si-anu byly z tohoto období v hrobkách objeveny i figury příslušníků nečínských národností, které Číňani označovali termínem „chu". Můžeme tak ocenit i zcela odlišné vzezření a oděv těchto cizinců.

Často jsou zobrazeni s výrazným nosem, plnovousem a turbanem na hlavě.

Jindy mají vlasy spletené do copánků, které mají stočené na temeni nebo v uzlech nad ušima.

Nosí též špičatou čepici, která byla jednou z častých pokrývek hlavy příslušníků nomádských etnik.

Vlasy si svazovali různými typy šátků.

Zajímavé je, že se mezi zobrazeními nečínských národností objevují i postavy s velmi tmavou kůží, kudrnatými vlasy a výraznými tvářemi. V době Tchang obyvatelé Číny příliš nerozlišovali, odkud cizinci přišli. Často je označovali jako ty, kteří přišli z „Kchun-lunu", čímž mínili bájné pohoří na západě od čínského území.

II.

Tchangské hranice překračovalo velké množství cizinců, kteří s sebou přinášeli své zvyklosti, ať již šlo o pokrmy, ošacení, náboženské vyznání a lidové tradice. Tchangský dvůr zaujímal vůči těmto specifickým kulturním projevům tolerantní postoj. Každý mohl podle libosti praktikovat své zvyklosti a jednat dle svého. Takto se do Číny dostaly různorodé zvyky jiných kultur.

V čínské císařské kuchyni se objevily do té doby neznámé

surovíny a nejrůznější nové způsoby přípravy pokrmů. Do jídelníčku nejširších vrstev se dostaly placky ta-na, masové koláčky pi-luo, sezamové placky chu-ma-ping a další potraviny oblíbené mezi nečínskými národy. Révová vína, která se vyráběla v západních oblastech, stejně jako alkoholický nápoj san-le-ťiang přivezený perskými obchodníky byly velice ceněné mezi čínskou aristokracií a hodnostáři.

Oděvy nečínských národů bylo jednoduché a pohodlné, a staly se tak brzy novinkou, která byla tchangskými obyvateli rychle vstřebána a napodobována. A to až tak, že ženy začaly nosit mužské čapky nebo kopírovaly utažené rukávy, které používali cizí jezdci, když tryskem projížděli na koních ulicemi měst. Tato móda dosáhla svého rozmachu ve vrcholném období vlády dynastie Tchang.

Oblíbenou pohybovou aktivitou se stalo koňské pólo. Šlo o hru, která se do Tchangské říše dostala přes její západní oblasti z Íránu. Freska „Jezdci na koních hrají pólo" z hrobky prince Čang Chuaje (654-684) z Čchien-lingského mauzolea, hrobového komplexu u Si-anu, ukazuje, že princ měl během života tuto hru velice rád. Pro hru póla bylo zapotřebí koní té nejvyšší úrovně. V roce 717 věnovali obyvatelé západočínského Chotanu (dnes v provincii Sin-ťiang) Tchangům právě dva takové koně na koňské pólo.

Buddhismus se do Číny začal šířit v období vlády dynastie Chan. V době dynastií Suej a Tchang již byl do čínské kultury natolik zapojen, že došlo ke vzniku specifické formy buddhismu s mnoha původními čínskými prvky. Stéla z roku 781 „Příchod nestoriánců do Číny", která dnes stojí v sianském „Lese kamenných stél", osvětluje více než dvě stě let historie nestoriánských misionářů na čínské půdě za vlády dynastie Tchang. V roce 874 byl jako epitaf na hrobu manželky Su-lianga z rodu Ma vytesán bilingvní nápis v perském fársí a v čínštině, který zaznamenává tolerantní přijetí, kterému se v Čchang-anu dostalo perským zoroastrijcům. Lze tedy říci, že vláda dynastie Tchang byla dobou vzájemného soužití řady různých náboženství.

III.

Pronikání cizích kultur do tchangské říše významně obohacovalo kulturní život, což činilo tchangskou kulturu ještě zajímavější a barvitější. Vysokou řemeslnou zručnost a estetické cítění dokládají zlaté a stříbrné předměty, řezby v nefritu i keramika a porcelán.

Zlaté a stříbrné nádoby byly v oblibě u císařského dvora i u příslušníků gentry. To podporovalo výroba drahých a nádherně zpracovaných předmětů. Zároveň s obchodem na Hedvábné stezce rostla obliba zlatých a stříbrných předmětů ze západní a střední Asie. Zlatá mísa s dekorem kozoroha je takovým příkladem mísení kultur a proměny cizích kulturních vlivů na území tchangské Číny. Šálek ve tvaru květu begonie též představuje toto dokonalé spojení různých kultur. Svým tvarem a výzdobou spojuje čínskou a indickou tradici. Na každém okvětním lístku begonie je tradiční dekor čínských hus, který patří do specifické estetiky tchangského období, jež se zde snoubí se sogdijským uměním.

U tchangských nefritů je z hlediska vlivu cizích kultur důležitější tvar více než dekor. Můžeme sledovat, i když s určitými proměnami, vlivy byzantské, sogdijské, perské a další. Tchangských nefritů bylo archeology objeveno malé množství. Jedna významná část pochází z naleziště Che-ťia-cchun u města Si-an. Nefritový materiál na jejich výrobu pocházel z velké části z Chotanu. K výrobě nefritových předmětů zde nalezených byla tchangskými řemeslníky použita dovezená surovina, a je tedy možné, že se seznámili i s cizími výrobky, které potom na tchangském území napodobili. Tvar onyxového šálku ve tvaru zvířete se podobá západním „pícím rohům". Šálek na vysoké noze není tradičním čínským tvarem. Často se uvažuje, že má původ v antickém Římě a přes Byzantskou a Sásánskou říši se dostal po Hedvábné stezce až do Číny. V nalezišti Che-ťia-cchun byly nalezeny i oktagonální šálky z bílého nefritu s dekorem zimolezu japonského, jejichž tvar je plně sásánovský, dekorem však přímo odkazuje k populárnímu vzoru z doby čínských Severních a jižních dynastií. V lokalitě Che-ťia-cchun byly objeveny i nefritové přezky na opasky, přičemž na každé z nich byl vyobrazen cizozemský hudebník či tanečník, což dokládá původ kultur západních oblastí.

Porcelán je jedinečným čínským výrobkem, který se prodával do cizích zemí již v tchangské době a byl nezbytnou složkou domácího spojení se zahraničím. Váza z porcelánu s bílou polevou s dvěma rukověťmi ve tvaru draků absorbovala charakteristiky hunských nádob. Ucha nádoby jsou však ozdobena tradičním čínským blahopřejným dekorem páru draků. Úzké hrdlo nádoby je naopak charakteristické pro perské stříbrné konvice s kulovitým tělem a dlouhými uchy.

Porcelánová mísa s bílou polevou na vysoké noze je ozdobena dekorem spojených kruhů, který má původ v okolí Středozemního moře a který bezpochyby vychází ze vzorů na tepaných stříbrných předmětech. Konvička ve tvaru koženého vaku představuje nádoby ovlivněné kulturou Kitanů. Kitanové používali na vodu kožené měchy, a tento tvar se později začal objevovat u nádob z pálené hlíny. Takto se do tradiční čínské keramiky dostávaly motivy nečínských kultur.

IV.

Výše uvedené předměty jsou pouze reprezentativním výběrem z velkého množství archeologických objevů, které byly nalezeny v okolí Si-anu. Hlavní město Tchangů Čchang-an (dnešní Si-an) bylo ve své době největším a nejrozvinutějším městem světa. Zde se stýkala Čína a okolní i vzdálenější svět. Památky objevené na území provincie Šen-si také nejlépe reflektují, jaké kulturní výše dosáhly dynastie Suej a Tchang prostřednictvím vlastního rozvoje, a též přijímáním cizích vlivů a jejich inovací. Rozmanitost tchangské kultury rozhodně nevznikla náhodně, byla však pevně zakořeněna v ekonomickém rozvoji tchangské společnosti, jednotě státu a politické síle charakterizované otevřeností, tolerancí a schopností neustálé inovace.

Tchangští vládcové zastávali vůči vnějším národům a kulturám otevřené postoje. Zakladatel dynastie Tchang císař Li Yüan (566 – 635) kdysi řekl: „Severní národy Chu a jižní oblasti Jüe[1] spolu dříve nikdy nebyly v jedné rodině." Dynastie Tchang patřila ve své době k nejvíce otevřeným společnostem, a to zejména díky obchodu po Hedvábné stezce, kdy do země neustále přicházelo velké množství cizinců a dovážela se řada různých druhů zboží. Cizí zvyklosti a způsob života byly přijímány se zájmem a porozuměním. Takto mohlo dojít k neobyčejnému kulturnímu rozvoji v Číně a kulturní výměně mezi Čínou a vnějším světem.

Tchangské císařství dokázalo absorbovat velké množství národností a lidí ze všech koutů světa proto, že se z hlediska světové civilizace jednalo o unikátně rozvinutou kulturu. Tchangská říše zaujímala neobyčejně otevřený a tolerantní postoj. Právě tato tolerance a velkorysost v přijímání rozmanitosti cizích kultur byly příčinou pokroku a rozvoje čínské společnosti.

Tchangská společnost přijímala cizí kultury, avšak nikoli tak, že by je absorbovala zcela a bez výběru. Přijímání cizích kultur probíhalo určitým výběrem na základě již zažitých a přijatých prvků. Inovací nových elementů docházelo k mísení cizích kultur s původní čínskou, čímž vznikla jedinečná tchangská kultura.

Ohlédneme-li se zpět k období vlády Tchangské dynastie, vidíme velkou říši, v níž se prolínalo sebevědomí mocného státu s tvořivostí, otevřeností a spoluprací, komunikací a prolínáním s jinými kulturami. Díky obchodu po Hedvábné stezce se čínská civilizace rozšířila do vzdálených míst a zároveň se obohacovala o kultury cizích zemí. V této době neobyčejně ovlivňovala sousední oblasti a zároveň byla velmi tolerantní vůči jiným kulturám. Čína a svět se prolínaly a vzájemně obohacovaly, díky čemuž se právě v této době stala čínská civilizace neobyčejně barvitou a podnětnou.

Poznámky:

1. Pozn. překl. - též známá jako oblast Nan-man, tedy dnešní provincie Jün-nan, Kuang-si atd.

南京大报恩寺琉璃塔

南京市博物馆 邱晓勇

大报恩寺遗址位于南京城南古长干里，即今秦淮区长干桥东南中华门外的雨花路东侧。明代大报恩寺是江南佛寺的鼻祖，它的前身是东吴时期所建的建初寺、六朝时期的长干寺、宋代的天禧寺。根据史书记载：东吴赤乌十年（247年），西域康居国僧人康僧会来到建业（今南京），设像行道，孙权为其建建初寺，史称此为"江南佛寺之始"。六朝时梁天监年间（502～519年），改名为长干寺，寺院已初具规模，在江南地区有较大的影响。宋神宗天禧年间（1017～1021年）改名为天禧寺，据史料记载，此时天禧寺已有石塔，用于存放唐代高僧玄奘的头顶骨舍利。明成祖（1403～1424年）永乐元年即位，就下令对天禧寺大规模的整修，但修好不久却遭火灾将寺焚毁。明成祖后在天禧寺原址建大报恩寺，又新建琉璃宝塔即举世闻名的大报恩寺塔，据记载当时用工匠10万余人，耗银248万余两，工程始于永乐十年（1412年），至宣德三年（1428年）竣工，历时16年建成。明代大报恩寺施工极其考究，完全按照皇家建筑的标准来营建，建成后琉璃宝塔金碧辉煌，昼夜通明。

一、中西方人眼中的报恩寺琉璃塔

大报恩寺琉璃宝塔作为明代初年至清代前期南京最具特色的标志性建筑物，被称为"天下第一塔"。根

图1 清代人绘制的报恩寺琉璃宝塔全图
Obr. 1 Celková skica Porcelánové pagody Chrámu Oplácené vděčnosti z doby Čching

图2　约翰·纽霍夫绘制的报恩寺琉璃塔图
Obr. 2 Porcelánová pagoda Chrámu Oplácené vděčnosti z malby Johannese Nieuhofa

图3　托马斯·阿洛姆绘制的长干桥外报恩寺琉璃塔图
Obr. 3 Obraz Porcelánové pagody Chrámu Oplácené vděčnosti u mostu Čchang-kan z malby Thomase Alloma

据记载，明代大报恩寺塔九层八面，周长100米，外壁用巨型白瓷胎、五色琉璃构件堆砌而成，每块构件表面均塑有佛像或动物图形，重量达数百公斤。每层所用琉璃构件数相等，只是体积自下而上逐层缩小。这些预制件的设计、制造十分精密，每层四座拱门都用五色琉璃构件造成，外设朱红色的琉璃栏杆。拱门之间的四个壁面上各嵌一尊护法天王像，内壁则布满小型佛龛（图1）。全塔上下有风铃152个，风铃日夜作响，声闻数里。门侧、塔心置篝灯，共放置油灯146盏，每盏灯芯粗一寸左右，油灯昼夜不熄，号称"长明灯"，选派100名少年日夜轮值点灯，每昼夜耗灯油达64斤。长年白日金碧照耀，夜晚灯火腾焰，整座宝塔就像"火龙悬挂"，华灯耀月达数十里。明张岱著《陶庵梦忆》记载："中国之大古董，永乐之大窑器，则报恩塔是也。报恩塔成于永乐初年，非成祖开国之精神、开国之物力、开国之功令，其胆智才略足以吞吐此塔者，不能焉。"[1]可以想象在当时建造此塔所花费的人力、物力也是不可估量。

明、清两代政府虽然长期奉行闭关锁国的政策，但是欧洲人通过传教、经商、出使等方式仍然与中国发生着交往，他们记录并且向西方传播了不少中国的事物，南京大报恩寺琉璃塔就是其中的典型。它经这些西方来客之口传播至欧洲后得到了"南京瓷塔"美名。1655年荷兰东印度公司组团赴华建立商务关系。使团画家约翰·纽霍夫不仅沿途记载旅行经历，并以细致的观察力绘制版画插图。这些游记和插图全部或部分地被直接收入相关书籍。如在欧洲影响广泛的由阿诺尔多·蒙塔纳斯编译的《中国图集：从联合省东印度公司到中国》一书中，直接收录了约翰·纽霍夫的游记，其中就有描绘南京大报恩寺琉璃塔的版画[2]（图2）。1793年，英国派遣马嘎尔尼率使团访华，他们不仅在热河见到了乾隆皇帝，而且沿着运河一线对中国进行了考察。使团随团画师威廉·亚历山大沿途绘制了大量的写生素描，其中包括多幅有关南京大报恩寺琉璃塔的作品。1843年伦敦费塞尔公司根据亚历山大的素描稿，由托马斯·阿洛姆重新加工，出版了题为《中国：那个古代帝国的风景、建筑和社会风俗》的大型画册（图3）。目前该画册的中文版也已经出版。[3]这些绘画作品表明，在17、18世纪西方人到达过南京，亲眼目睹了大报恩寺琉璃塔的风采。随着西方传教士和使团来到中国，大报恩寺琉璃宝塔逐渐为各国所了解。西方人惊叹于琉璃宝塔的雄伟壮丽，将它视为东方建筑艺术最豪华、最完美无缺的杰作，并将其与古罗马斗兽场、古亚历山大地下陵墓、意大利比萨塔等称为"中世纪世界七大奇观"。

二、报恩寺塔琉璃构件烧造

琉璃器因其釉色光亮平滑、呈色均匀鲜艳而有纯厚之感，另有防火避雷之效。因此，洪武建元以后，在南京皇家大规模建筑中，广泛使用琉璃构件。关于大报恩寺琉璃塔建塔所用的琉璃构件的来历，文献很少确切记载。但明代南京琉璃窑的分布，在《明会典》中明确记载。报恩寺塔所用琉璃构件，是否是南京聚宝山琉璃窑生产一直不能确定。因为据文献记载明初烧造琉璃器的地点，除聚宝山外还有太平府（今安徽当涂）等地。对南京聚宝山琉璃窑的发掘主要经历了两个时期。第一个时期，1958年南京文物保管委员会在南京中华门外聚宝山清理发掘了几座窑址，并采集了一批较为完整的琉璃构件。随后第二年南京博物院也在附近发掘窑址，在窑内发现了大量遗留下来的各式素坯和已上釉的残品，确定它们大多属于报恩寺琉璃塔所用的砖瓦。这次从琉璃窑遗址中所发现的有关琉璃塔的遗物，计有塔上的斗拱、柱，有彩画的额枋、平板枋、椽、拱门花砖以及须弥座等。在很多块琉璃塔拱门砖的侧面，写着"左作一层"、"二层左作六号"、"左字四号"、"巳字二右"、"七层右"等等字样。研究人员认为这些号字是记载这些琉璃砖是哪一座窑出品的。但是，既有某层左右的字样，很有可能也是表示这些琉璃砖在这一层的塔上所应占的地位。[4]第二个时期，2007年为配合南京城市建设，南京市博物馆考古工作人员在相距聚宝山窑岗村不足1公里的赛虹桥地下发现了大量琉璃塔拱门琉璃构件，可惜的是出土的琉璃构件基本上都是残毁品，是否是当时出窑时的残件，还是琉璃宝塔维修替换下的残件，现在已不得而知了。2008年，又在第一次清理发掘的地点，相距约400米的地方发现了十余处窑址，同样出土了一批琉璃构件。[5]两次考古发掘虽然时间跨度较大，但发掘地点十分接近，从出土的琉璃构件与窑址，基本上摸清了聚宝山琉璃窑的分布与琉璃烧造情况。

按当时规定，只有皇家建筑或寺庙建筑才能使用琉璃，因此明代在烧制比较特殊的琉璃构件时，一般都有备件，大报恩寺塔也不例外。相传永乐初年动工建造大报恩寺琉璃塔时，一共烧了三副全塔的砖瓦，用一副建塔，其余两副则埋在地下，编好各层的号码，遇到塔砖有损坏时，即依号掘取一件来修换。聚宝山发掘的报恩

寺琉璃构件，是否是当时故意埋入土中的备用之件。关于这事，明代张岱在他的《陶庵梦忆》中回忆所见到的琉璃塔时，也曾提到。他在书中说："闻烧成时，具三塔相，成其一，埋其二，编号识之。今塔上损砖一块，以字号报工部，发一砖补之，如生成焉。"[6]张岱生于明万历二十五年（1597年），卒于清康熙十八年（1675年），《陶庵梦忆》成书于明崇祯十七年（1644年），书中将明代种种世相展现在人们面前，如茶楼酒肆、说书演戏、斗鸡养鸟、放灯迎神以及山水风景、工艺书画等等，构成了明代社会生活的一幅风俗画卷，尤其可以说是江浙一带一幅绝妙的《清明上河图》。其中虽有贵族子弟的闲情逸致、浪漫生活，但更多的是社会生活和风俗人情的反映。同时书中含有大量关于明代日常生活、娱乐、戏曲、古董等的记录，因此也被研究明代物质文化的学者视为重要文献。成书距报恩寺塔建造完成二百余年，张岱在书中记录的关于报恩寺建造情况的内容是具有可靠性的。

关于报恩寺琉璃塔琉璃构件胎体原料，《明会典》卷一九〇有关记载是这样的："洪武二十六年定，凡在京营造，合用砖瓦，每岁于聚宝山置窑烧造……如烧造琉璃砖瓦，所用白土，例于太平府采取。"《太平府志》卷十三载："白土出当涂姑塾乡广济圩白云山，又曰白土山，上山取土白色，烧瓦坚白，又用以粉屋。"相关研究认为南京聚宝山琉璃窑就是《明会典》中聚宝山琉璃官窑所在地，也是南京报恩寺琉璃塔五色琉璃构件烧造地；《明会典》、《天工开物》、《太平府志》都记载南京聚宝山琉璃窑以安徽当涂白土为原料烧制琉璃构件的胎体，南京报恩寺塔琉璃构件在南京聚宝山琉璃窑烧制，进而推断南京报恩寺塔琉璃构件胎体是以安徽当涂白土为原料。2008年，故宫博物院因相关课题研究，分别从南京市博物馆、南京博物院、安徽当涂琉璃窑遗址采集明代建筑琉璃样本，进行了琉璃胎体的主次量元素化学组成、胎体微量元素含量以及烧制温度等科学检验与分析，通过对安徽当涂与南京报恩寺琉璃塔构件的主要数据比对，表明南京报恩寺塔与安徽当涂琉璃样品具有相同地域元素分布特征和矿物组成特征，比较

有力地推测安徽当涂为南京琉璃塔琉璃构件胎体的原料产地。[7]根据两地都有通江之利，安徽当涂白土装船从姑溪河到达长江，再从板桥进入南京内河，直接运达聚宝山琉璃窑。两地航程约有70公里，在明代水运发达的情况下是完全没有问题的，大量运输白土原料在南京聚宝山烧制琉璃构件胎体，既节省人工又减少直接运输琉璃构件的损耗是完全可行的方法。同时便于工部统一的管理，琉璃构件的烧制任务重、技术含量高，各地的窑工在南京一地相互技术交流，对产品的烧制合格率也有一定提高作用。

三、从兴建报恩寺看明代佛教

明代南京政治地位重要，经济、文化发达，民众中佛教信仰气氛浓厚，为其中寺院的兴建和发展提供了坚实的社会基础。明朝的建立者朱元璋由于其特别的身世，与佛教有着割不断的情愫。整个洪武年间，明太祖时时不忘发挥佛教"阴翊王度"、"暗理王纲"的作用，采取种种措施保护并倡兴佛教。诸如洪武初期至中期，明太祖大量度僧，并经常举办各种佛教法会。虽国事繁冗，但他仍然经常召僧人入宫，与佛教高僧讲经论道，赋诗唱和，优容礼遇，厚予赏赐。在都城南京大兴土木，新建、修复佛教寺院，并颁布许多保护寺院及寺院所属土地财产的法令。当然，防止佛教泛滥之势，明太祖也曾建立度牒制度，对假冒犯戒者严惩不贷。洪武元年（1368年），明太祖朱元璋着力整顿佛教，每季于礼部考试僧官，在金陵天界寺设立善世院，命慧昙住持管理全国佛教。又颁布一系列政令，仿宋制开僧衙门，设僧官，立制度。善世院后称僧录司，为僧界之中央，置统领、副统领、赞教、纪化等人员，以掌全国名山大刹住持的任免。[8]

在明代初期，上至王公贵族下到普通百姓，对佛教十分信仰。报恩寺修建宏伟、耗费巨大，体现了当时人们崇佛之风浓厚。可惜报恩寺在其建成后屡遭灾难，明嘉靖四十五年（1566年）报恩寺大殿遭雷火被毁。清咸丰六年（1856年）太平天国内讧时，韦昌辉"深恐翼

王凭借报恩寺古塔以作攻城之炮垒，先下令毁之"，使耸立了400多年的大报恩寺塔，从此在地面上消失了。今天我们只能从所看到的报恩寺琉璃塔琉璃拱门感受到当时琉璃宝塔的雄伟与庄严之美（图4）。根据现存的琉璃构件复原拱门，基本可知琉璃拱门是由左右两边底层白象、蹲狮、飞羊、龙纹、飞天及中间大鹏金翅鸟，由下往上依次斗合而成，琉璃拱门所斗合内容为藏传佛教（喇嘛教）之形象组合，谓之六拿具。六拿具是藏传密宗特有的标志，查《造像量度经》，六拿具又称为"六拏具"。[9]六拿具图案形成因年代不同，材质也不相同，图案也有所变化。六拿具图案多用于佛像的背光，后来又发展到藏传密宗佛寺中券门。此题材用于陪衬装饰主神，意谓主神力大无穷，法力无边。造像中，多用于佛像背光装饰。建筑中，多用于券门门楣、须弥

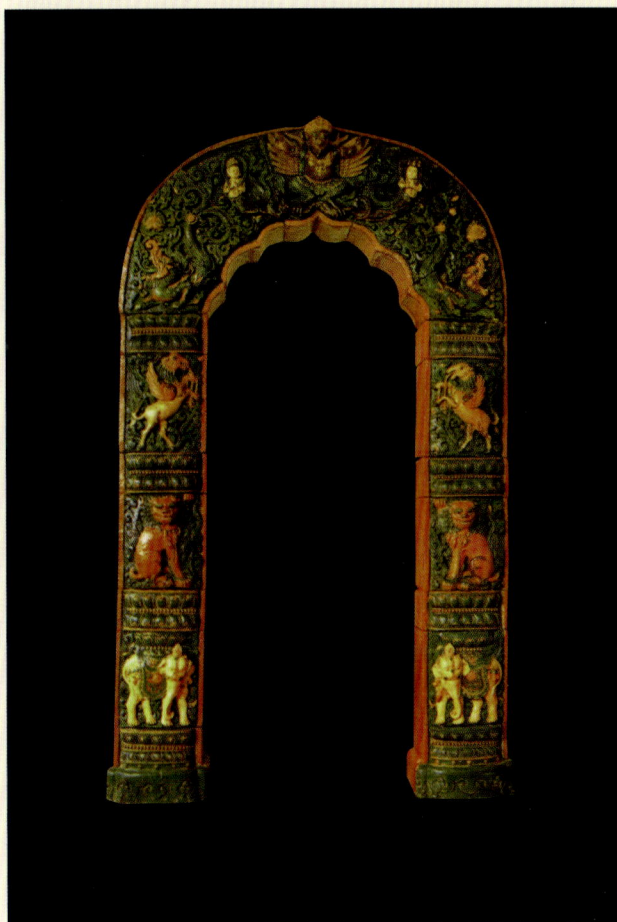

图4 报恩寺琉璃塔拱门复原图
Obr. 4 Fotografie rekonstruovaného oblouku Porcelánové pagody Chrámu Oplácené vděčnosti

座等。相同题材图案用于佛教建筑券门的实物，我们现在所能见到的，有始建于明永乐年间北京真觉寺（五塔寺）券门和始建于元至正二年(1342年)的居庸关云台券门等。这些佛教建筑中券门图案基本与报恩寺塔券门相同，只是前者券门均为石质雕琢而成，报恩寺塔券门是由特殊的五彩琉璃构件斗合而成。

建筑是凝固的音乐，无言的历史，它见证并亲历了人类历史的变迁。遗憾的是在漫长的变迁中，有些建筑永远地消失在历史的长河之中。南京报恩寺琉璃塔消失在我们的视线中已150余年了，今天，我们只能通过这一组精美的琉璃构件，来领略南京报恩寺琉璃塔当年的辉煌与壮丽。

参考文献：

[1] [明]张岱：《陶庵梦忆》卷一。

[2] 夏维中、冯洪河、郑玉超：《南京大报恩寺及其琉璃塔在海外的影响》，《世界大变迁视角下的明代中国——国际学术研讨会论文集》，吉林人民出版社，2012年。

[3] 该书的中译本名称为《大清帝国城市印象——19世纪英国铜版画》，李天纲编译，上海科技文献出版社，2002年版。

[4] 南京博物院：《明代南京聚宝山琉璃窑》，《文物》1960年第2期。

[5] 陈钦龙：《明代南京聚宝山琉璃窑的几个问题》，《江苏地方志》2009年第1期。

[6] [明]张岱：《陶庵梦忆》卷一。

[7] 丁银忠等：《南京报恩寺琉璃塔构件胎体原料来源的科技研究》，《中国陶瓷》，2011年第1期。

[8] 何孝荣：《明代南京寺院研究》，中国社会科学出版社，2000年。

[9] 郑自海：《金陵大报恩寺琉璃塔复原拱门错位之谜》，《东方收藏》2012年第11期。

PORCELÁNOVÁ PAGODA
CHRÁM OPLÁCENÉ VDĚČNOSTI V NANKINGU

Muzeum města Nanking   Čchiu Siao-jung

Chrám Oplácené vděčnosti (Ta-pao-en) ležel v jižní části Nankingu. V době vlády dynastie Ming byl považován za předobraz buddhistických chrámů v oblasti Ťiang-nan[1]. Jeho předchůdcem byl klášter Ťien-čchu-s´ (dosl. První zbudovaný klášter) postavený v období vlády východních Wu (222-280 n. l.), který byl později označován za „první z buddhistických chrámů v oblasti Ťiang-nan". V letech éry Liang-tchien-ťien v období Jižních dynastií (502-519 n. l.) byl přejmenován na Čchang-kan-s´(Chrám Stálého sucha). V této době se již jednalo o klášter veliké rozlohy s relativně významným vlivem na oblast Ťiang-nanu. V éře Tchien-si císaře Šen-cunga v době dynastie Sung (1017-1021) pak změnil název na Tchien-si-s´ (Klášter císařské éry Tchien-si). Podle historických záznamů v tomto chrámu již existovala kamenná pagoda, která byla využívána k úschově kosterních ostatků, konkrétně vrchní části lebky významného tchangského mnicha Süan-canga. Po nástupu císaře Jung-le dynastie Ming (1403) byl vydán příkaz k velké přestavbě kláštera, po jejímž dokončení však klášter při požáru velice rychle lehl popelem. Teprve poté byl na místě původního kláštera Tchien-si-s´ zbudován Chrám Oplácené vděčnosti a nově byla vybudována Porcelánová pagoda, která později proslula po celém světě. Dle záznamů se stavby účastnilo přes 100 tisíc řemeslníků a bylo na ni vydáno více než 2,48 milionu taelů stříbra[2]. Stavba trvala šestnáct let, započala roku 1412 a skončila roku 1428. Chrám Oplácené vděčnosti z doby Ming byl vynikající stavbou, která plně odpovídala standardům staveb císařské úrovně a která po svém dokončení proslula nádhernou porcelánovou pagodou zářící ve dne i v noci do dálky.

I. Porcelánová pagoda Chrámu Oplácené vděčnosti z pohledu Číňanů a návštěvníků ze Západu

Porcelánová pagoda Chrámu Oplácené vděčnosti byla od počátků vlády dynastie Ming až po rané období vlády dynastie Čching nejunikátnější a nejreprezentativnější stavbou v Nankingu, pro kterou se vžil název „První pagoda v podnebesí". Dle historických záznamů měla mingská osmiboká pagoda devět podlaží a obvod sto metrů. Na vnějších stěnách byly použity ohromné dlaždice z bílého porcelánu spojené pětibarevnými glazovanými konstrukčními prvky. Na každém takovém prvku bylo vyobrazení Buddhy nebo mytického zvířete a jednotlivé díly vážily až několik set kilogramů. Počet konstrukčních glazovaných prvků byl ve všech podlažích stejný a lišil se pouze objemem, jenž klesal s každým vyšším podlažím. Návrh a výroba těchto prefabrikovaných dílů vynikaly vysokou přesností. V každém podlaží byly čtyři nosné oblouky zhotovené z pětibarevných glazovaných konstrukčních prvků a na venkovní straně bylo glazované zábradlí rumělkové barvy. Mezi oblouky byly na čtyřech stěnách portréty Čtyř nebeských vládců, ochránců čtyř světových stran. Vnitřní stěny vyplňovaly prohlubně pro miniaturní svatyně (obr. 1). Na celé pagodě bylo 152 zvonců, které zvonily dnem i nocí a byly slyšet na mnoho mil daleko. U dveří a ve vnitřní části pagody bylo 146 olejových lamp. Knot každé lampy měl průměr přibližně jednoho palce. Lampy svítily bez přestání po celou noc, proto se jim říkalo „stálá světla". Dnem i nocí se o ně staralo na sto vybraných mladých chlapců. Za noc se spotřebovalo 32 litrů lampářského oleje. Po celý rok se pagoda ve dne leskla a v noci svítila plamínky, jako by celá byla „ohnivým vznášejícím se drakem", a její pronikavá záře byla vidět na více než 20 kilometrů daleko. Materiální i lidské výdaje, které padly na tuto stavbu, byly ve své době nepředstavitelné.

Za vlády dynastií Ming a Čching (1368-1911) i přes dlouhé období, kdy se Čína uzavřela před okolním světem, docházelo prostřednictvím misionářů, obchodníků a diplomatů ke kontaktům s cizími zeměmi. Cizí cestovatelé zaznamenávali a šířili své poznatky o čínské kultuře. Takovým příkladem byla i nankingská Porcelánová pagoda Chrámu Oplácené vděčnosti. Přestože první zprávy v Evropě byly pouze ústní, tak se o ní již hovořilo jako o „keramické, nebo porcelánové pagodě z Nankingu". V roce 1655 odjela do Číny skupina obchodníků z holandské Východoindické společnosti. Malíř poselstva Johannes Nieuhof (1618-1672) zaznamenával nejen zážitky z cesty, ale zároveň na základě detailního pozorování vypracoval ilustrace, které se poté objevily jako celek či po částech v různých knihách. Např. v knize redigované Arnoldem Montanem „Atlas Chinensis: Being a relation of remarkable passages in two embassies from the East-India Company of the United Provinces to the Vice-Roy Singlamong, General Taising Lipovi, and Konchi, Emperor" byly použity přímo Nieuhofovy deníkové poznámky, ve kterých je i tiskem zachycena kresba nankingské Porcelánové pagody Chrámu Oplácené vděčnosti (obr. 2). V roce 1793 navštívilo Čínu Brity vyslané poselstvo vedené Georgem Macartneym, které se v Džeholu (dnešní Čcheng-te) setkalo s císařem Čchien-lungem a posléze se vydalo na jih po Velkém císařkém kanále prozkoumat zemi. Malíř poselstva William Alexander (1767-1816) vytvořil kresby, z nichž několik je věnováno nankingské Porcelánové pagodě Chrámu Oplácené vděčnosti. V roce 1843 společnost Peter Jackson, Late Fisher, Son, and Co. vydala velký obrazový atlas upravený Thomasem Allomem (1804-1872) s názvem „China in a series of views displaying the scenery, architecture, and social habits, of that ancient empire" (obr. 3). Dnes již máme tento atlas k dispozici i v čínském vydání. Všechny tyto malby ukazují, že cestovatelé ze Západu, kteří projížděli v sedmnáctém a osmnáctém století Nankingem, měli možnost vidět porcelánovou pagodu na vlastní oči. Díky západním misionářům a diplomatům se o ní dozvídali stále více i v dalších zemích. Lidé byli uchváceni její velkolepostí a považovali ji za nejluxusnější orientální stavbu, dokonalé mistrovské dílo, které by mělo být vedle římského Kolosea, mauzoleu v Halikarnasu a šikmé věže v italské Pise zařazeno mezi sedm divů starého světa.

II. Vypalování glazovaných dílů pro Chrám oplácené vděčnosti

Leská glazura a rovnoměrné světlé zabarvení glazovaných předmětů v nás vzbuzuje pocit elegance. Glazura též chrání proti ohni a je i ochranou proti bleskům. Proto se po nástupu císaře Chung-wu (1368–1398) začaly u císařských staveb většího rozsahu používat ve velkém glazované konstrukční prvky. Dle dobových nařízení se mohly užívat pouze u císařských nebo chrámových staveb. Proto se v mingské době při vypalování specializovaných konstrukčních glazovaných prvků zhotovovaly i náhradní kusy. Ani v tom nebyla pagoda v Chrámu Oplácené vděčnosti výjimkou. Říká se, že v prvních letech po zahájení stavby, v počátečních letech éry Jung-le, byly vypáleny cihly na celkem tři věže. Jedna série se použila na stavbu pagody a další se zakopaly do podzemních skladišť, sestavené dle čísel jednotlivých pater tak, aby se v případě poškození mohly snadno vyjmout a podle očíslování vyměnit.

Podle sbírky zákonů a správních nařízení Ming chuej-tien se císařské glazovací vypalovací dílny nacházely v Ťü-pao-šanu v Nankingu. Tam se vypalovaly i pětibarevné konstrukční prvky na stavbu Porcelánové pagody Chrámu Oplácené vděčnosti. Jak v mingské správní encyklopedii, tak v pozdějších encyklopedických a historických dílech jako Využití děl přírody (Tchien-kung kchaj-wu) a Oficiálních záznamech Tchajpchingské vlády (Tchaj-pching-fu-č´) jsou zmínky, že nankingské glazovací vypalovací dílny v Ťü-pao-šanu používaly jako surovinu pro vypalované glazované konstrukční prvky jíl z oblati Tang-tchu v provincii An-chuej. Zde se naložil na loď, která se plavila řekou Ku-si a po Dlouhé řece, odkud se přes Pan-čchiao dostala na nankingské vnitřní kanály. Po nich mohl být materiál dopraven přímo do vypalovacích dílen v Ťü-pao-šanu. Obě místa dělila plavba dlouhá 70 kilometrů, což v případě rozvinuté vodní dopravy, jako byla za Mingů, nebyl žádný problém. Hromadná doprava surového jílu a jeho vypalování do glazovaných konstrukčních prvků v nankingském Ťü-pao-šanu nejen šetřilo nutnou lidskou práci, ale i snižovalo ztráty z případné dopravy již hotových vypálených glazovaných konstrukčních dílů. Další výhodou tohoto řešení bylo, že takto šlo časově sjednotit vypalování dílů a stavbu. Kvalitní vypalování dílů představovalo náročnou technologii, a výměna technických informací mezi řemeslníky z porcelánových dílen z různých míst, která se odehrávala právě v Nankingu, zajisté snižovala možnost, že by se zhotovovaly nekvalitní zmetky.

III. Mingský buddhismus po výstavbě Chrámu Oplácené vděčnosti

Za Mingů měl Nanking vysoké politické postavení. Jeho

hospodářská situace, rozvinutá kultura a mezi lidem hluboce zakořeněné buddhistické vyznání poskytlo pevný základ pro zbudování chrámu a jeho rozvoj. Zakladatel dynastie Ming císař Ču Jüan-čang měl díky svým životním zkušenostem k buddhismu velmi silný vztah. Po celou dobu éry své vlády zvané Chung-wu přispíval k tomu, aby buddhismus získal nezastupitelnou roli v čínské společnosti. Využíval všech svých prostředků, aby jej chránil a podporoval. Až do poloviny éry Chung-wu ve velkém pomáhal mnichům a často pořádal buddhistické ceremonie. Přestože pilně vykonával státní záležitosti, pravidelně zval mnichy do císařského paláce, kde s nimi debatoval o sútrách a dharmě, či pořádal recitace posvátných textů. Mnichům projevoval úctu a obdarovával je bohatými almužnami. V hlavním městě Nankingu se ve velkém stavěly a opravovaly buddhistické chrámy a kláštery. Zároveň se vydávalo mnoho vyhlášek týkajících se ochrany půdy a majetku přidruženého k těmto klášterům. Přesto však, aby zabránil nekontrolovanému nárůstu mnišské obce a přílišnému vlivu buddhistického náboženství, ustavil systém kontroly registrace mnichů a jejich příjmů zvaný „tu-tie" a tvrdě trestal ty, kteří toto oprávnění neměli. V prvním roce svého panování se Ču Jüan-čang pokusil o reformu buddhismu, kdy ministerstvo obřadů čtvrtletně aprobovalo představené mnichy. V Chrámu Nebeského světa (Tchien-ťie-s´) ustavil Úřad pro zlepšení pozemského života (Šan--š´-jüan), kde pověřil mnicha jménem Tchan Chuej, aby spravoval buddhistickou obec celé Číny. Vydal i několik dekretů uvolňující mnichy ze správy běžných místních úřadů (ja-men) a založil systém tzv. mnišských úřadů. Úřad pro zlepšení pozemského života byl přejmenován na Odbor mnišských záznamů (Seng-lu-s´), který se stal středobodem mnišského života. Ustavil pozice vedoucího, náměstků, radů pro vzdělání a disciplínu a dalších, kteří organizovali jmenování a odvolávání v klášterech a chrámech po celé zemi.

Na počátku dynastie Ming bylo buddhistické vyznání velice rozšířeno ve všech vrstvách společnosti, od císařského dvora po prostý lid. Ohromné náklady na velkolepou stavbu Chrámu Oplácené vděčnosti jsou ukázkou toho, jak neobyčejně byla buddhistická víra ve společnosti zakotvena. Bohužel, když byl chrám dokončen, opakovaně jej stíhala neštěstí. V roce 1566 byl poškozen požárem po zásahu bleskem. V roce 1856 při Tchajpchingském povstání nařídil vůdce povstalců, takzvaný Severní král jménem Wej Čchang-chuej "starou pagodu v Chrámu Oplácené vděčnosti zničit, neboť by bylo možné v ní ukrýt děla, která by mohla sloužit k ostřelování města". Tak tedy byla nakonec zničena pagoda Chrámu Oplácené vděčnosti, která stála 400 let. Dnes můžeme pocítit mohutnou a elegantní krásu tehdejší porcelánové věže pouze při pohledu na glazované oblouky (obr. 4). Z rekonstruovaných dochovaných glazovaných konstrukčních prvků je vidět, že ve spodní části byli z obou stran umístěni bílí sloni, sedící lvi, okřídlení kozorozi, draci a létající nebeské bytosti, které na vrcholu spojuje mýtický pták Garuda[3]. Motivy na glazovaných obloucích v sobě zahrnují dekorativní a zvířecí motivy, které představují unikátní symboly tibetského buddhismu. Vznikaly v různé době, a liší se tedy nejen materiálem, ale i jednotlivými motivy. Geometrické, florální a zvířecí motivy se objevovaly jako pozadí při zobrazování Buddhy, bódhisattvů a světců, kde symbolizovaly jejich moc. Později se tyto motivy začaly používat na dveřních bočnicích a trámech buddhistických chrámů, na soklech soch a podobně. Počátky používání těchto motivů na dveřních bočnicích u buddhistické architektury lze vidět i u vstupů do Chrámu Probuzení pravosti (Chrám pěti pagod) a Oblačné terasy v Ťü-jung-kuan z roku 1342 v Pekingu. Motivy na bočnicích těchto staveb jsou v zásadě stejné s těmi na pagodě Chrámu Oplácené vděčnosti, pouze s tím rozdílem, že byly vytesány do kamene. Bočnice pagody Chrámu Oplácené vděčnosti byly naopak zhotoveny speciální pětibarevnou glazovací technikou.

Architektura je zhmotnělou hudbou. Je historií, k níž není zapotřebí jazyka. Architektura byla očitým svědkem vývoje lidstva. Jak je však smutné, že v tomto dlouhém a pomalém procesu některé ze staveb nenávratně odpluly v plynoucích vodách historie. Porcelánová pagoda Chrámu Oplácené vděčnosti v Nankingu zmizela před našima očima před již více než 150 lety. Dnes lze eleganci a nádheru tohoto chrámu obdivovat pouze skrze tento jediný, avšak krásný konstrukční dílec.

Poznámky:

1. Pozn.překl. - region v ústí delty Dlouhé řeky mezi městy Nanking, Su-čou, Chang-čou a Šanghají.

2. Pozn. překl. - 1 tael=37,8 g

3. Pozn. překl. - z poloviny pták, z poloviny člověk.

汉藏文化交流与融合的杰作

——承德外八庙

承德市文物局 孙福何

承德避暑山庄建于1703年到1792年，历时89年，占地面积564万平方米，是清朝北京以外第二个政治活动中心，是清朝皇帝夏季避暑和处理政务的场所。园内集全国各地名园胜景，共有殿堂、楼、阁、亭、台等120余组建筑，其西部山区、北部草原、东南湖泊的布局，西高东低、南部湖区酷似中国版图。在避暑山庄周围环绕着12座金碧辉煌的寺庙（溥仁寺、溥善寺、普乐寺、安远庙、普宁寺、普佑寺、广缘寺、须弥福寿之庙、普陀宗乘之庙、广安寺、罗汉堂、殊像寺），因其中八座寺庙归属北京理藩院管理，所以统称为"外八庙"。12座寺庙共占地40多万平方米，是清政府为了团结蒙古、新疆、西藏等地区的少数民族，利用宗教手段巩固国家统一的政治目的而修建的，是集汉、满、蒙、藏等各民族建筑艺术、宗教艺术之大成的我国北方规模最大的皇家寺庙群，是汉藏文化交流与融合的典范之作。

藏传佛教的形成概述

西藏地接中亚、印巴次大陆，是多种文化的交汇地。佛教从印度传入中国后，于7世纪传入西藏，与当地原始宗教苯教相互斗争和影响，形成了独具特色的藏传佛教文化。11世纪中叶后，西藏佛教各个教派逐渐形成，相继出现宁玛、噶当、萨迦、噶举、格鲁、希解、觉宇、觉囊、郭扎、夏鲁等教派。由于后5个教派势小力弱，先后融于其他教派或消失。影响较大的5个教派：宁玛派（红教）形成于11世纪，是藏传佛教最早产生的教派。该教派僧人只戴红色僧帽，因此又称红教。噶当派（黑教）创建于1506年，15世纪格鲁派兴起后，原噶当派僧人和寺院都改宗格鲁派，噶当派从此消失。萨迦派（花教）创建于1073年，因该教派主寺——萨迦寺建筑呈灰白色，故得名萨迦（藏语意为白土），由于该教派寺院涂有象征文殊、观音和金刚手菩萨的红、白、黑三色花条，故又称花教，萨迦派是元朝在西藏统治的代表。噶举派（白教）创始于11世纪，重视密宗学习，密宗学习必须通过口耳相传，故名噶举（藏语意为口传之意），因该教派创始人玛尔巴和米拉日巴在修法时都穿白色僧裙，故噶举派又称白教。格鲁派（黄教）创建于1409年，是藏传佛教中形成最晚的教派。格鲁派创建后，相继又建立了哲蚌寺、色拉寺、扎什伦布寺、塔尔寺、拉卜楞寺，与甘丹寺一起并称为格鲁派的六大寺院。黄教创建了达赖、班禅两大活佛转世系统。

汉藏文化交流源远流长

从唐代开始，彼此间的文化交流绵延1000多年从未间断。唐代文成公主入藏联姻，唐蕃会盟的缔结，加强了西藏与内地的密切联系与文化交流。元代，西藏宗教领袖萨迦班智达与蒙古王子阔端的历史性会见，确立了西藏地方正式归属中央政府。明代继续在西藏设置管理机构，进一步密切了朝廷与西藏的关系。清代更将"兴黄安蒙"作为安抚少数民族的政治策略，以藏民族普遍信仰的藏传佛教作为协调民族关系、密切民族感情的基础。在清代200多年的历史中，五世达赖、六世班禅、十三世达赖分别进京朝见，清朝与西藏的关系日益密切，成功地对西藏实行了历史上最为有效的管理。藏传佛教成为清代宫廷文化的重要组成部分，由此也充分体现了汉藏文化绵延不绝的交流和发展。

一、清朝皇帝"因其教，不易其俗"的政治策略

清代对藏传佛教的重视，表现在礼敬高僧、大兴寺庙等方面，避暑山庄及周围寺庙就是其重要的历史见证。避暑山庄及周围寺庙数以万计的馆藏文物和12座金碧辉煌的藏蒙满汉特色的寺庙，不仅承载了汉藏文化交流的丰富信息，也成为清朝多层面施政西藏管理的具体体现。

礼敬高僧

清朝推崇和利用藏传佛教施政，早在清朝入关前的皇太极时期就已奠定基础，皇太极为迎接四世班禅和五世达赖，亲派喇嘛在盛京修建了第一座黄教寺庙。清朝定都后，顺治皇帝多次遣使延请五世达赖，1653年册封五世达赖喇嘛为"西天大善自在佛所领天下释教普通瓦赤喇怛达赖喇嘛"，颁给金册、金印，并花费巨资特意设计建造了具有汉藏两种建筑风格的黄寺，供其居住。康熙五十二年(1713年)，册封五世班禅为"班禅额尔德尼"，颁给金册、金印，对格鲁派的又一大活佛系统的权力、地位予以正式认定。雍正曾召集土观和三世章嘉活佛等藏传佛教高僧到宫廷内与汉地佛僧一起交流研讨佛法。乾隆时期又召请六世班禅进京朝觐，如达赖喇嘛之例"特殊优礼"。清朝对藏传佛教首领一系列的召见、赏赐、优厚礼遇，对推进中原文化与藏族文化的融合交汇起到了积极的促进作用。

乾隆四十五年(1780年)乾隆皇帝70岁寿辰，在蒙古等各少数民族王公、扈从大臣和外国使节参加的庆典活动中，六世班禅的朝觐显得尤其重要。当年五世达赖是"实以敦请"，而六世班禅则"不因招致"，不避辛苦，远道而来，意义颇不寻常。乾隆四十年(1775年)，一直图谋侵略西藏的英国东印度公司提出与西藏签订通商条约，六世班禅额尔德尼·罗桑巴丹益西表示坚决反对。当时，东印度公司的英军打败了布鲁克巴(不丹)人，东印度公司赫斯汀派秘书波格尔与班禅会谈，妄图染指西藏，以达到开辟西藏贸易市场的目的。六世班禅明确表态："西藏归中国大皇帝管辖，必须听命中国皇上"。但英国仍不死心，派人多次纠缠，六世

班禅决定亲赴京师，觐见清朝皇帝，以利西藏今后大计。西藏驻藏大臣留保住立即奏报清政府，乾隆皇帝不失时机欣然允请。乾隆皇帝为此做了诸多准备事宜：要求驻藏大臣在西藏与班禅见面，商议赴承德事宜；沿途接待；修桥铺路；向章嘉活佛学习藏语等。召集内外蒙古首领、新疆回部首领等齐聚承德，借助西藏格鲁派首领觐见的事件，深化推进"兴黄教以安众蒙古"的国策，巩固清王朝对内外蒙古与边疆地区的统治。

特别是乾隆皇帝，在承德狮子沟北山坡上，仿班禅居所——西藏日喀则的扎什伦布寺的形制，仅用一年时间，为六世班禅修建了占地37900平方米的须弥福寿之庙。须弥福寿之庙的选址、规格、形制都由乾隆皇帝亲自审定，乾隆还亲自撰写碑文，亲自题书匾额、楹联，并规定了进庙瞻礼的等级划分，一般佛教徒和平民百姓不得入内。在六世班禅启程前，乾隆皇帝曾下六道御旨，以示关切。乾隆四十四年(1779年)六月，班禅率领三大寺堪布及高僧百余人，从日喀则扎什伦布寺启程，由驻藏大臣护送，经羊八井，越过唐古拉山，过木鲁乌苏河，到达塔尔寺过冬。乾隆四十五年初，从塔尔寺启程，沿途经阿拉善、鄂尔多斯，渡黄河再由归化城至岱海，然后经多伦诺尔、克什克腾、翁牛特、喀喇沁，入中关，七月到达承德。途中所到之处，都受到清朝政府官员和当地僧俗的热情款待，百姓也争相迎送。乾隆皇帝在避暑山庄澹泊敬诚殿举行隆重的接见仪式。八月十三日，乾隆皇帝的70寿辰，六世班禅率领部众恭贺，在避暑山庄内的佛堂为乾隆皇帝诵念万寿经，代表八世达赖敬献礼品。六世班禅此行还带来了大量的宗教文化，他带领众徒讲经传教，并特意选留20名喇嘛在须弥福寿之庙传习后藏经律，促进了藏传佛教在内地的传播与弘扬。六世班禅在承德期间举行了数次晚会，除有中原特色的焰火戏剧、音乐舞蹈，还有各民族形式的杂技、赛马，以及六世班禅所带来的精彩表演，可谓是各民族宗教与文化艺术的一次盛大交流融合。

大兴寺庙

清朝为了巩固统治和抵制沙俄侵略，推行团结蒙藏少数民族政策。周围寺庙既包括一般寺庙的功能，

又渗透着皇权意识。其建筑形制多以西藏、新疆和内地著名寺庙为蓝本，融会了我国藏、汉、蒙等多民族宗教建筑形式和建筑风格，除清朝早期营建的溥仁寺、溥善寺、普宁寺、普佑寺以及后来由堪布擦鲁克喇嘛自己出资建立的广缘寺外，中后期所建其他寺庙，山门均朝向避暑山庄，表面是反映"万法归一"的宗教思想，实则昭示了"普天之下，莫非王土"、"向心集中，宇内归一"的皇权意识和边疆少数民族地区归属清朝政府的涵义。每一座寺庙都是在特定的历史背景下，因某种特殊的原因而建造，标志着清朝皇帝的一种政治功用，都有一段生动的历史史实。如：普陀宗乘之庙是乾隆帝60寿辰和皇太后80寿辰，仿西藏拉萨布达拉宫的样式兴建的，此庙建成之际正直土尔扈特部回归祖国；须弥福寿之庙是仿西藏日喀则扎什伦布寺的规制为六世班禅修建的行宫；普宁寺是当时清政府平定了厄鲁特蒙古准噶尔部达瓦齐的叛乱后，效仿西藏三摩耶规制修建；安远庙是为迎接达什瓦部，仿新疆伊犁河北岸的固尔扎庙而建；普乐寺是哈萨克、布鲁特首领来承德觐见乾隆皇帝，为给他们提供聚会和举行宗教活动修建的寺庙。

二、寺庙建筑体现了汉藏文化的高度融合

外八庙的建筑形式是吸取了西藏、新疆，以及蒙古族居住地许多著名建筑的特点，集中了当时建筑上成功的经验而创造出来的。在寺庙的总体布局上，大都采取汉式、藏式或汉藏结合式格局。在寺庙的建筑色彩上，以黄、红、白、绿、黑等单色或间色赋予殿、阁、楼、亭、廊、塔、白台、红台等建筑物华美的色彩。在建筑用材上，主体建筑与单体建筑均以砖、石、木为主，而且大面积使用鎏金铜瓦及各色琉璃瓦顶，使外八庙的建筑艺术各具特色又和谐统一。

寺庙建筑规格布局独具特色

十二座皇家寺庙的建筑形式主要包括汉式、藏式和汉藏结合式三大类型，而且三者之间存在着相互借鉴和相互融通的密切关系。（一）汉式建筑形式以汉族传统宫殿、府邸建筑格局为主，如溥仁寺、溥善寺、殊像寺、罗汉堂和广缘寺。寺庙整体按照"伽蓝七堂"（包括山门、天王殿、钟楼、鼓楼、大雄宝殿、东配殿、西配殿）形制而建。平面布局严格按中轴线左右对称，突出主体建筑，前后数重院落，向纵深层层发展，藏传佛教特有的经堂、佛阁、坛城等殿堂则附建于寺院的布局内。（二）藏式建筑，则是依山势层层修建，外观上层次分明，重点突出，主体轮廓清晰，如普陀宗乘之庙和须弥福寿之庙。寺庙没有明显的中轴线，也未形成封闭式院落，而是由藏传佛教特有的经堂、佛殿、佛塔、僧房以及各种附属建筑组成。无论平面布局、建筑结构，还是装饰色彩、殿内陈设，都具有浓郁的藏族文化特色。在整体布局上，依据地形起伏依山势灵活布局，而单体建筑则改变传统木结构大屋顶的形式，大胆使用藏式体量庞大的平顶多层大红台作为主体建筑，其上方以方形高大殿阁为中心，周围绕以群楼，殿阁的金顶和群楼上独立的亭殿突出于大红台之上，配合附属的小红台、白台和各式佛塔，仿建并胜于布达拉宫和扎什伦布寺的气势。但也辅助应用了山门、碑亭、琉璃牌坊等汉族建筑形式。（三）汉藏结合式建筑，将藏族建筑艺术精华和汉族建筑传统技艺巧妙融为一体，在布局、结构、材料和造型等方面都进行再创新，如普陀宗乘之庙、须弥福寿之庙、普宁寺、安远庙和普乐寺。寺庙前部为"伽蓝七堂"形式，后部以藏式建筑——"曼陀罗"为主体构建。就建筑布局而言，大部分寺庙采用前汉后藏式，即前部为汉式的山门、碑亭、天王殿、大雄宝殿的轴线对称格局布置，而后部则以藏式大经堂或坛城式布局结合山势布置，成为汉藏结合式建筑。如须弥福寿之庙（图1）是仿西藏扎什伦布寺，其后部建造了一座方形大红台，把经堂等藏式建筑包含在内；又如普陀宗乘之庙依山势而建，气势更为恢弘，其后部仿西藏布达拉宫，形成错落有致的红白台建筑，整体形成了平面曲折、形体错落的效果。而普乐寺（图2）的后部为一座方形高台，中心及周围布置殿、塔，以象征藏传密宗的诸神集会的曼陀罗形制；而最有感染力的是普宁寺后部的一组建筑，中央为大

图1 须弥福寿之庙
Obr.1 Chrám dlouhověkosti a radosti světové hory Méru

图2 普乐寺
Obr.2 Chrám univerzální radosti

图3　普陀宗乘之庙五塔门
Obr.3 Brána pěti pagod Chrámu menší Potaly

乘之阁，周围为象征四大部洲、八小部洲的台阁及四座喇嘛塔，外围是曲折的围墙，用以反映宗教经典中所描绘的佛国世界的空间构图形象。这些寺庙巧妙地把汉、藏民族建筑艺术融会在一起，无论从平面布局、立体轮廓，还是结构用材、艺术造型上都独具匠心，前部的汉式建筑和后部的藏式建筑对比强烈而又协调对应，给人以层次的美感，显示了寺庙文化的无穷魅力。

寺庙建筑装饰藏传佛教特色浓厚

寺庙建筑的细部体现了浓厚的藏传文化特点，檐枋的彩画、天花板图案、门框及各个建筑物上的彩绘等处绘制了色彩鲜明、对比强烈的藏传佛教中最尊崇的咒语之一——六字真言（六字大明神咒），汉译为"唵嘛呢叭咪吽"。密宗认为其为秘密莲花部的根本真言，将这六个字看成一切经典的根源，循环往复不断念诵，能消灾积德、功德圆满，所以将其视为无上的"真宝

言"。寺庙的主体建筑和佛塔上，装饰着"时轮金刚咒"图案，"时轮金刚咒"是由七个梵文字母组成，汉语音译"含刹麽隶婆罗耶"，意译"才能十全"。藏密认为"时轮金刚咒"囊括了"地、水、火、风、空"五行，五行若以颜色表示，则"地"为黄色，"水"为白色，"火"为红色，"风"为黑色，"空"为青色，故"时轮金刚咒"常用五种颜色套写。藏密把"时轮金刚咒"作为神力无穷的咒语，故常将其装饰于庙宇的建筑物上。寺庙建筑除彩绘"六字真言"和"时轮金刚咒"图案外，还装饰藏传佛教寺庙常用的火焰掌、莲盘、倒钟、宝塔、吉祥八宝、法轮、神仙、卧鹿、金幡、龙、凤、摩羯鱼、狮子、鸟等饰物上。从寺庙建筑外观来看，色彩的对比十分强烈，以红、白、黄等色为主调。主体建筑均饰红色，如普陀宗乘之庙、须弥福寿之庙的大红台，红色在寺庙中为神圣的标志，象征吉祥、高贵及至高无上的政治权力。白色装饰在藏式平台建筑的墙

图4　普宁寺大乘之阁

Obr.4 Mahájánový pavilion Chrámu univerzálního klidu

壁上，表示寺庙的纯洁和庄严。黄色一般装饰在主要殿堂的屋顶，以金碧辉煌的鎏金铜瓦和黄琉璃瓦来展现，如普陀宗乘之庙的万法归一殿，须弥福寿之庙的妙高庄严殿，普宁寺的大雄宝殿，普乐寺的旭光阁等处殿顶。黄色代表黄教，暗喻皇权。这种红、白、黄色彩的对比，突出了建筑的神秘感，特别是在红、白色的墙面上装饰梯形的"盲窗"，更增添了寺庙的肃穆气氛。寺庙中的藏式白台，有的上建红、绿、黄、白、黑五色藏式喇嘛塔，如普陀宗乘之庙的五塔门（图3）和五塔白台等建筑。五色佛塔象征藏传佛教的五个教派，分别为：红色塔代表红教——宁玛派，绿色塔代表花教——萨迦派，黄色塔代表黄教——格鲁派，白色塔代表白教——噶举派，黑色塔代表黑教——噶当派。其中黄色塔列中央，表示黄教居藏传佛教中的统治地位，这与清政府尊崇黄教，并把它定为国教息息相关。再如普乐寺旭光阁的第二层平台四角和四角中间建有八座琉璃喇嘛塔，形

状相同，色彩各异。塔分黄、白、青、紫、黑五色，即四角的四座为黄色，正东为黑色，正西为紫色，正南为青色，正北为白色，五色代表藏传佛教的"五行"（地、水、火、风、空）。五色塔象征五色土（中国九州之土呈五色），表示普天之下，莫非王土。八座塔分置在八个方位，作为释迦牟尼"八大成就"（佛生、成道、转法轮、现神通、从忉利天下界、化度众僧、思无量、入涅槃）的功能塔，象征清朝对四面八方进行长期稳固统治。值得一提的是寺庙中的"曼陀罗"建筑，"曼陀罗"梵文意为"坛"或"坛场"，是密教信徒修法之处。如普宁寺后部的建筑布局，以主体建筑大乘之阁为中心，两侧有日殿、月殿，大乘之阁象征佛国世界的中心——须弥山，日殿代表太阳，月殿代表月亮，象征太阳、月亮环绕须弥山。在大乘之阁（图4）的东、西、南、北四方，修建了四座形状各异的台殿，代表东胜神洲、西牛贺洲、南瞻部洲、北俱芦洲"四大部洲"。四

大部洲间，建有八座重层白台，代表八小部洲。大乘之阁周围四角，建有四座形状、色彩、装饰各异的佛塔：东南方为黑塔，饰宝杵，代表"大圆镜智"；东北方为红塔，饰莲花，代表"平等性智"；西南方为绿塔，饰宝剑，代表"妙观察智"；西北方为白塔，饰法轮，代表"成所作智"。大乘之阁围墙，代表佛教中的铁围山。大乘之阁殿顶建有五座四角攒尖顶方亭，象征佛教的五方佛。这种建筑可以说是佛教世界的立体化。这些寺庙的建筑形制不仅应用了琉璃瓦顶、方亭、牌楼、彩画等汉族建筑传统手法，同时也应用了红白高台、群楼、梯形窗、喇嘛塔、鎏金铜瓦等藏族、蒙古族的建筑手法，建筑形式别具一格。

三、寺庙陈设中的汉藏文化的密切交融

建筑是凝固的音乐，文物是凝固的历史。避暑山庄外八庙现存3万余件的清代宫廷文物和藏传佛教圣物，包括瓷器、金铜造像、玉器、书画、挂屏、钟表、织绣等类别，既有清帝生活起居的陈设品，还有蒙、藏民族上层首领进献的贡品，种类齐全、工艺精湛，且来源明确、传承有序，具有极高的文物和艺术价值。清朝宫廷陈设的藏传佛教文物，蕴含着丰富的政治历史内涵。清朝宫廷中佛堂建筑、佛教文物、制度化了的佛教活动，构成一个完整的藏传佛教文化体系，这是长期历史发展的结果，与清代整个历史环境是协调一致的。如清朝宫廷收藏的大量西藏进贡的佛教文物，并非一次搜集，而是在长达两个多世纪的时期，随着清朝政府与西藏的密切联系积累而成的，也成为西藏宗教领袖达赖、班禅与清朝政府关系密切的历史见证。乾隆时期藏传佛教艺术创作发展到高潮，乾隆皇帝喜爱精美工艺，对于藏传佛教艺术更是倾心，加之有清朝国师三世章嘉胡土克图的极力推崇，乾隆时期宫廷藏传佛教艺术呈现多姿多彩。乾隆皇帝不仅从西藏把尼泊尔工匠引进宫廷，为宫廷造办处效力，使宫廷藏传佛教造像具有了尼泊尔的柔美气质，他还派出宫廷工匠赴西藏将古寺古塔古佛画成图像，存于宫中，方便随时仿制，并将独特的紫金铜配方、西藏铸造铜铃合金配方和粘贴镶嵌珠石

粘药配方先后引进到宫廷中。由此我们才可以在承德避暑山庄外八庙中看到工艺精湛的多种造型、多种材质的藏传佛教佛造像精品。

种类丰富的精美瓷器

瓷器在汉藏文化艺术交流中发挥了重要的作用。随着清朝宫廷与西藏往来密切，乾隆时期，藏传佛教艺术对官窑瓷器的影响逐渐增大，烧造藏式瓷器数量增多，器物种类之多，釉彩纹饰之丰富，是前所未有的。制瓷工艺花样百出，无所不备，制作藏式器物可谓登峰造极，不仅用各种制瓷工艺手法烧造甘露瓶、贲巴壶、藏草瓶等藏式器物，还有瓷质八吉祥、七珍、法轮、佛塔等藏传佛教法器、供器及各式藏传佛教造像。清代瓷器种类、造型、釉色等较明代增多，是汉藏文化交流更加深入的体现，是藏文化和内地文化融合的硕果。

多种艺术融合的藏传佛造像

从艺术的风格看，藏传佛造像可分为三类：一是属于静态类的善相造像，如佛、菩萨、度母等。二是属于忿怒相的造像，主要是护法神系列中的神灵，像护法金刚、大威德金刚、马头金刚、降阎魔尊、不动明王等。三是兼有善怒两种表情的造像，如密集金刚、胜乐金刚、欢喜金刚、时轮金刚等。在护法神造像中还有怒相和善相，以及兼而有之的造像之分。与护法神造像相比较，佛、菩萨、度母类的造像显得亲切、庄严、妙好，更多地表现了慈祥、优美、宁静的审美情调。密宗造像则更多地体现了象征主义的理性成分，按照密宗的说法，是为了修习者的意念能够迅速地捕捉引起我们人类内心烦恼的邪魔，所以常把这些邪魔描绘成具体可视的形象，供我们反思和修行。在这里，烦恼便是我们内心最大的敌人和邪魔，例如，烦恼可能是由一个被踏在护法神脚下衰竭待毙的魔怪形象来表示，而踩在护法神或是本尊脚下的非人形的邪魔，不是别人，就是我们内心贪、瞋、痴念所引起的无尽的无明烦恼。密宗造像中被塑造的头颅、脑盖骨、胫骨、人的心脏、肠子等装饰物，都不是真实的东西，而是假想的人类烦恼的种种象征与替代。

清朝宫廷造像以小型为主，由中正殿画佛喇嘛先画纸样，再塑蜡样，后交造办处铸造。重要的佛像，每道工序清朝皇帝都要审阅提出意见，不合要求需反复修改，最后请大喇嘛装藏开光。参与制造佛像的还有章嘉胡土克图等大喇嘛及宫廷画师。宫廷造像严格遵循《造像量度经》的规范，并直接听命于皇帝。乾隆时期宫廷造像是在皇帝本人的严格监督下制作的。宫廷造佛匠师不仅有内地工匠，还有西藏与尼泊尔工匠。西藏与尼泊尔工匠把他们精湛的铸造与雕塑技术传到宫廷，与内地传统的工艺相结合，创造出一种清代宫廷造像风格。西藏雕塑艺术美的标准是基于精确的比例和精心的描绘，宫廷造像严格遵循这一标准，却克服了由于造像度量经的严格限制，佛像僵硬呆板的状况，选材贵重，大量使用金银；做工精细，表层加工光滑，镀金锃亮，制作工艺超过同期的西藏造像。技术高超的匠师们在仪轨允许的范围内，充分施展艺术才华，创作出大量艺术精品。如度母造像，身态端正又不失纤巧柔媚，宽肩细腰，面容丰圆，璎珞从双肩绕过双乳外侧垂于腹部，呈"U"

形，莲瓣常为多层次结构，质地多为红铜鎏金。他们把佛的庄严慈祥，护法神的威猛粗犷，菩萨的清秀恬淡，度母的丰盈闲畅刻画得淋漓尽致，显示了藏族高超的制作工艺水平。无论是佛造像，还是佛前供法器的制作，乾隆皇帝努力使其制作工艺趋于规范化，更符合佛教教义，虽然会影响艺术的表现力，但却使得器物造型规范、铸胎厚重、艺术风格完全一致的清朝宫廷佛教艺术独有特色，得以在今天如此完整地展现在我们面前。

结　语

藏传佛教是西藏文化中最有代表性的一部分，凝聚着藏族人民的聪明才智。藏传佛教文化在清朝宫廷中的深刻影响，充分说明了清代西藏与内地，藏族人民与汉、满、蒙等民族之间血肉相连的亲密关系。承德外八庙作为汉、满、蒙、藏等各民族建筑、宗教艺术高度融合的历史见证，在我国民族团结统一的历史进程中具有非常重要的地位。

参考文献：

[1] 清代宫史研究会编：《清代宫史求实》，紫禁城出版社，1992年。
[2] 黄春和著：《藏传佛像艺术鉴赏》，华文出版社，2004年。
[3] 承德市文物局、天津大学编著：《承德古建筑》，中国建筑工业出版社，1982年。
[4] 赵玲、牛伯忱著：《中国世界遗产丛书——避暑山庄及周围寺庙》，三秦出版社，2003年。
[5] 中国承德市民族宗教事务局、荷兰莱顿大学编著：《承德普宁寺》，2009年。
[6] 舒乙著：《见证亲密——纪北京承德两市带藏文的石碑和藏式建筑》，民族出版社，2011年。

CHRÁMY WAJ-PA-MIAO V ČCHENG-TE: MISTROVSKÁ DÍLA, V NICHŽ SE PROMÍTAJÍ ČÍNSKÉ A TIBETSKÉ VLIVY

Památkový úřad města Čcheng-te   Sun Fu-che

Letní císařský palác v Čcheng-te byl zbudován za 89 let mezi roky 1703 a 1792. Jeho rozloha činí 564 metrů čtverečních a jednalo se o druhé centrum politického života ležící mimo Peking. Na tomto místě řešili císaři dynastie Čching politické záležitosti a zároveň se ukrývali před letním horkem. Ve zdejším areálu se nacházejí scenérie ze slavných zahrad původem z různých míst Číny. Celkem tu je více než 120 budov včetně paláců, pagod, pavilonů, altánků, teras apod. Na západní straně je obklopen horskou krajinou, na severu stepí a na jihovýchodě leží jezera. Areál se svažuje od západu k východu. Jezírka na jižní straně jsou uspořádána tak, aby připomínala mapu Číny. V okolí císařského sídla se nachází dvanáct nádherných chrámů, z nichž osm spadalo pod správu Mandžuského úřadu pro vnější provincie (mandžusky Tulergi golo be dasara jurgan), a proto bývají obecně nazývány „Osm vnějších chrámů" (Waj-pa-miao). Všech dvanáct chrámů zaujímá rozlohu více než 400 tisíc metrů čtverečních a představují architektonické umění etnických Číňanů, Mandžuů, Mongolů, Tibeťanů a dalších národů Číny. Jde o největší chrámový komplex vrcholného náboženského umění severní Číny, který je příkladem prolínání čínské a tibetské kultury.

Vznik tibetského buddhismu

Poté, co se buddhismus dostal z Indie do Číny, pronikl v 7. století n. l. do Tibetu. Zde začalo docházet k vzájemnému ovlivňování a soupeření s místním původním bönismem. To vyústilo ve vznik neobyčejné kultury tibetského buddhismu. Tu tvoří pět hlavních škol:

Karma-kagjü (Škola červených čepic), nejstarší náboženská škola tibetského buddhismu. Mniši tohoto učení nosí červené čapky.

Kadam (doslovně „ústní pokyny"), po vzniku nové školy Gelug v 15. století škola Kadam zanikla. Stalo se tak poté, co ke škole Gelug konvertovali mniši i kláštery školy Kadam.

Sakja (Šedá země), vzhledem k tomu, že budova hlavního kláštera této školy zvaného Sakja je šedivá, začalo se pro její označení užívat tibetského slova sakja, „šedá hlína". Neboť jsou chrámy této školy natřeny barvami symbolizujícími bodhisattvu Maňdžušrího[1], bodhisattvu Kuan-jin[2] a Vadžrasattvu[3], tedy červenou, bílou a černou, říká se jí čínsky též Barevná škola.

Kagjü (Škola ústního podání), zabývá se esoterickým učením vadžrajány[4], které se může tradovat pouze ústně. Říká se jí i Bílá škola, neboť její zakladatelé Marpa a Milaräpa oblékali při praktikování víry bílý mnišský háv.

Gelug (Škola žlutých čepic), nejnovější škola tibetského buddhismu. Po svém založení postavila kláštery Dräpung, Sera, Tašilhünpo, Kumbum, Labrang a Gandän známé jako šest hlavních klášterů školy Gelug. Tato škola dala vznikout systému dalajlámů a pančenlámů.

Historie kulturní výměny mezi Čínou a Tibetem je dlouhá

Jedná se o nepřerušený úsek trvající již více než tisíc let. Tchangská princezna Wen-čcheng (†680) byla provdána do Tibetu, aby posílila kulturní výměnu a upevnila vztahy Číny a Tibetu. V době vlády dynastie Jüan došlo k historickému setkání představitele školy Sakja Sankja-pandity Küngagjalcchäna (1182-1251) a Čingischánova vnuka prince Godana (1206-1251), který se stal jeho žákem. V době vlády dynastie Ming byly v Tibetu ustaveny správní orgány, které měly dále prohlubovat vztahy čínského dvora s Tibetem. V době vlády dynastie Čching byla představena politická doktrína zvaná „posílení žluté rasy a uklidnění národnostních menšin" (singhuang an-meng), jejímž cílem bylo upravit vztahy s nečínskými etniky. V jejím rámci měl být vztah s Tibeťany harmonizován prostřednictvím tibetského buddhismu, což vytvořilo základ pro prohloubení vzájemné úcty mezi národy. Vztahy mezi dynastií Čching a Tibetem se dále upevňovaly a v Tibetu úspěšně přispěly k historicky nejúčinnější formě státní správy. Tibetský buddhismus se stal jednou z důležitých složek dvorské kultury dynastie Čching, což se plně odrazilo v neustálé komunikaci mezi čínskou a tibetskou kulturou a v jejich dalším rozvoji.

I. Politická strategie císařů dynastie Čching „za zachování lidových zvyků a náboženského vyznání"

Dynastie Čching přikládala tibetskému buddhismu veliký význam. To se projevovalo v úctě k mnichům, v opravách klášterů a chrámů apod. Významným historickým svědectvím pak jsou i kláštery a chrámy v okolí císařského letního sídla.

Úcta k mnichům

Politika respektování tibetského buddhismu dynastií Čching vznikla dávno před mandžuským vstupem na čínské území, a to v době vlády mandžuského vládce Abachaje (1592-1643). Po něm v této politice prostřednictvím audiencí, darů a poct hlavním představitelům tibetského buddhismu pokračovalo několik generací čchingských císařů, což výrazně přispělo k prolnutí čínské a tibetské kultury.

Rozvoj chrámové architektury

Mandžuská dynastie Čching, která hodlala upevnit moc vůči Číně a zároveň ji ochránit proti carskému Rusku, začala uskutečňovat politiku integrace národnostních menšin Mongolů a Tibeťanů. Chrámy tak měly nejen běžné klášterní funkce, ale jejich existence byla i projevem císařské moci. Architektura více odpovídá stylu staveb v Tibetu, Sin-ťiangu a vnitřní Číně, přičemž současně zahrnuje stavební formy a slohy sakrální architektury Tibeťanů, etnických Číňanů, Mongolů a dalších národností. Odráží též vůli císaře, že v „celém Podnebesí není místa, které by mu nenáleželo" (pchu-tchien-č´-sia, mo-fej-wang-tchu) a vše je „přitahováno do středu tak, že celý vesmír spadá pod jeho vládu" (siang-sin ťi-čung, jü-nej kuej-i). To se promítá i do představy, že národnostní menšiny v hraničních oblastech spadají pod správu vlády dynastie Čching.

II. Vysoká míra propojení čínských a tibetských prvků v sakrální architektuře

Architektura chrámů Waj-pa integrovala mnoho stavebních prvků známých z Tibetu, Sin-ťiangu a Mongolska, obývaných starobylými národy a dále tyto prvky inovovala na základě úspěšných zkušeností tehdejšího stavebnictví. Současně využívala čistě čínský, čistě tibetský nebo smíšený sino-tibetský půdorys. Z hlediska barevnosti stavbám paláců, pagod, pavilonů, altánků a teras s bílou či červenou omítkou dodávaly půvab monochromatické nebo vícebarevné pruhy žluté, červené, bílé, zelené či černé. Hlavními používanými materiály byly cihly, kameny a dřevo. Pro střechy se používaly zlacené měděné střešní tašky nebo glazované tašky různých barev. A tak se dnes zdá architektura těchto chrámů nejen unikátní, ale i harmonická a jednotná.

Zvláštnosti půdorysu chrámové architektury

Architektura všech dvanácti císařských chrámů propojuje čínský, tibetský a sino-tibetský sloh a zachovává i jejich úzké vazby, vzájemné odkazy a propojení.

I. U čínského stavebního slohu se jedná především o půdorys tradičního čínského paláce či panského sídla. Ten je přísně souměrný nalevo i napravo od středové osy, což zdůrazňuje hlavní budovy. Budovy jsou vpředu i vzadu odděleny dvorci, které po ose narůstají o jednotlivá patra. Tradiční budovy tibetského buddhismu, například haly na čtení súter, místnosti na uctívání světců nebo pro ztvárnění mandaly, jsou ve vnitřní části chrámů.

II. Tibetské budovy jsou charakteristické stupňovitostí. Ta je zřejmá i z vnějšího pohledu, který jasně ukazuje významné části stavby a má výrazný vnější profil. Chrámy nemají středovou osu a ani netvoří uzavřené dvorce. Jsou v nich však stavební části charakteristické pro tibetský buddhismus, tedy haly pro čtení súter, místnosti na uctívání Buddhy, zvláštní prostory pro ztvárnění mandaly, mnišské cely a další přidružené stavby.

III. Sino-tibetská architektura geniálně propojuje čínskou architektonickou tradici s esencí tibetského stavebního umu a přináší inovace v oblastech půdorysu, konstrukce, materiálů a vnějších tvarů.

Přední část chrámu bývá ve stylu „sangharamy" (mnišské obydlí) a zadní, jež je hlavní budovou, ve stylu „mandaly".

Půdorys většiny zdejších sino-tibetských chrámů má přední část čínskou a zadní tibetskou. To znamená, že přední část má čínskou vstupní bránu, altán na stély, síň Buddhy Maitréji a hlavní síň, které jsou uspořádány souměrně podél středové osy. Oproti tomu zadní část propojuje stupňovitými stavbami, jako jsou haly na čtení súter, síně na ztvárnění mandaly apod., prvky čínské a tibetské architektury.

Např. Chrám dlouhověkosti a štěstí světové hory Méru (obr. 1) i Chrám univerzální radosti (obr. 2) mají v zadní části vyvýšenou čtvercovou platformu. V centrální části a okolí se nacházejí síně a věže, jež dle tibetského buddhismu symbolizují mandalu. Nejatraktivnější je skupina staveb v zadní části Chrámu univerzálního klidu, kde je uprostřed Mahájánový altán, kolem kterého jsou altány a čtyři lamaistické pagody symbolizující čtyři kontinenty a osm subkontinentů obklopující horu Méru s klikatou plotovou stěnou kolem, což je klasické náboženské zobrazení symbolických prostorových vztahů buddhistického světa. Postupným odkrýváním nádherných pohledů se tak odhaluje nekonečná krása chrámové kultury.

Silný akcent tibetského buddhismu na zdobnost chrámů

Detaily chrámové architektury odrážejí výrazné vlastnosti tibetské kultury. Jasné barvy v malbách nejrůznějších staveb, dveřních rámů, stropů, okapů, tvoří silnou protiváhu k hlavní mantře tibetského buddhismu: óm mani padmé húm (Ó klenote v lotosu).

Kálačakra (Koloběh životů), jako jedna z hlavních sil tibetského buddhismu, také často tvoří výzdobu chrámů. Při vnějším pohledu na chrámovou architekturu je barevný kontrast velice silný a je založený na červené, bílé, žluté a dalších barvách. Klíčové budovy jsou vyzdobeny červeně, což je barva, která symbolizuje posvátnost. Je symbolem štěstí, ušlechtilosti a nejvyšší politické moci. Bílá výzdoba na stěnách plochých tibetských budov znamená čistotu a vážnost chrámů. Žlutá barva většinou zdobí střechu hlavní svatyně, kde jsou zlacené bronzové, případně žlutě glazované střešní tašky, metaforou nejen pro Školu žlutých čepic Gelug, ale i označením císařské moci[5]. Na bílých

tibetských platformách jsou postaveny červené, zelené, žluté, bílé a černé pagody, např. u Brány pěti pagod (obr. 3), nebo Bílé platformy pěti pagod Chrámu menší Potaly (Pchu- tchuo cung-čcheng miao). Pětibarevná stúpa symbolizuje pět škol tibetského buddhismu. Červená symbolizuje školu Karma-kagjü, zelená symbolizuje tzv. Barevnou školu Sakja, žlutá symbolizuje školu Gelug a černá školu Kadam. Uprostřed stojící žlutá věž symbolizuje politickou autoritu školy Gelug v rámci tibetského buddhismu, což úzce souvisí s tím, že ji jako státní náboženství uznala i vláda dynastie Čching. Kolem budovy Mahájánového pavilonu (obr. 4) jsou ve východním, západním, jižním a severním směru postaveny čtyři altány, které symbolizují čtyři kontinenty pod horou Méru: Púrvavidha, Aparagódána, Džambudvípa, Uttarakuru. Mezi budovami představujícími čtyři kontinenty bylo zbudováno osm dvojpodlažních bílých budov s rovnou střechou, které zastupují osm subkontinentů.

Tato chrámová architektura nejenže využila tradiční prvky čínského stavitelství, jako jsou glazované dlaždice, pavilony o čtvercovém půdorysu, slavobrány a malované trámy, ale zároveň využila i tibetských a mongolských prvků, mezi něž patří červenobílé terasy, skupiny nízkých budov, vsazovaná okna, lamaistické pagody, pozlacené měděné střešní tašky atd.

III. Propojení čínské a tibetské kultury ve vnitřním zařízení chrámů

Architektura je zhmotněním hudby, památky jsou zhmotněním historie.

V Osmi vnějších chrámech Letního císařského paláce se nachází více než 30 tisíc buddhistických předmětů a památek čchingského dvora včetně keramiky, zlatých a bronzových plastik, nefritů, knih a obrazů, paravánů, hodin, hedvábných výšivek atd. stejně jako běžného zařízení pro každodenní život čchingských císařů. Jsou mezi nimi i dary přijaté od vedoucích představitelů Mongolů a Tibeťanů. Jedná se o předměty všech typů a nejjemnější techniky nesmírné památkové a umělecké hodnoty, které zůstaly dochovány po celé generace.

Čchingský dvůr měl veliké sbírky buddhistických památek z Tibetu, získávaných nikoliv jednorázově, ale během období trvajícího téměř dvě století, a to díky úzkým kontaktům mezi čchingskou vládou a Tibetem. I to je historickým dokladem o blízkých vztazích čchingské vlády s tibetskými náboženskými vůdci, jako byli dalajlamové a pančenlamové. A to je i důvod, proč lze v Osmi vnějších chrámech Letního císařského paláce v Čcheng-te vidět špičkové plastiky tibetského buddhismu mnoha tvarů i materiálů.

Široká škála vynikajícího porcelánu

Významnou roli v uměleckých kontaktech mezi čínskou a tibetskou kulturou hrál porcelán. S úzkým kontaktem mezi čchingským dvorem a Tibetem a Tibetem v období vlády císaře Čchien-lunga postupně rostl vliv umění tibetského buddhismu na vzhled porcelánu z oficiálních dílen. Zvyšoval se počet porcelánových předmětů tibetského typu, jejich rozmanitost i bohatství ornamentů a glazur. Výroba bezchybného porcelánu dosáhla u tibetských předmětů vrcholu. Nebyly to pouze nejrůznějšími keramickými technikami zhotovené tibetské předměty jako vázičky na léčivou bylinu Desmostachya bipinnata, konvičky a vázy, ale i obřadní nebo obětní předměty tibetského buddhismu jako soubory Osmi šťastných symbolů, Sedmi vlastnictví pána světa, Kola učení a relikviáře, stejně jako nejrůznější buddhistické plastiky. Množství typů, tvarů a barev se u čchingského porcelánu oproti době vlády dynastie Ming rozšířilo, což bylo projevem prohloubení kontaktů mezi Číňany a Tibeťany, a tedy výsledkem prolínání kultur vnitřní Číny a Tibetu.

Plastiky tibetského buddhismu, v nichž se prolíná více uměleckých směrů

Z hlediska uměleckých stylů je lze rozdělit do tří kategorií. První jsou plastiky poklidných božstev: buddhové, bódhisattvové, Táry apod.; druhou hněvivá božstva především z řady ochránců dharmy, jako Vadžrabhairava, Avalókitéšvara, Hajagríva, Ačala

apod. Třetí jsou dvojice mužských a ženských božstev v objetí: Guhjasamádža, Čakrasanvara, Hévadžra, Kálačakra atd.

Za vlády dynastie Čching převažovaly plastiky menších tvarů. Ty vznikaly tak, že lámové nejprve malovali předlohy dle obrazů v hlavních svatyních na papír, podle nichž se tvořily voskové vzory, které se poté zadávaly k odlévání. Při tvorbě významných buddhistických plastik čchingský císař rozhodoval o každém úkonu a v případě, že výsledek nesplňoval zadání, bylo třeba je opakovaně opravovat. Nakonec byl dokonalý výsledek vysvěcen hlavním lámou. V období vlády Čchien-lunga byly na jeho dvoře sochy vytvářeny za přísného osobního dohledu samotného císaře.

Dvorní sochaři pocházeli nejenom z vnitřní Číny, ale i z Tibetu a Nepálu. Tibetští a nepálští řemeslníci předali své jedinečné umění odlévání a sochařství dvoru, kde se spojilo s tradičními technikami z vnitřní Číny. Tak vznikl unikátní styl čchingských dvorských plastik. Císař Čchien-lung usiloval o standardizaci výrobních postupů, aby více odpovídaly náboženskému významu buddhismu. Přestože to mělo vliv na umělecké vyjádření, podařilo se tvary sjednotit, a tím se vytvořila jedinečná charakteristika buddhistického umění dvora dynastie Čching. Tato díla mají jednotný umělecký styl, která se nám díky kvalitnímu provedení uchovala ve své úplnosti až dodnes.

Závěr

Tibetský buddhismus je nejreprezentativnější částí tibetské kultury a je v něm soustředěna moudrost tibetského lidu. Tato kultura měla zásadní vliv na čchingský dvůr a plně osvětluje úzký a bratrský vztah Tibetu k vnitřní Číně stejně jako vztah Tibeťanů k etnickým Číňanům, Mandžuům, Mongolům v čchingské době. Tato díla mají jednotný umělecký styl, a díky kvalitnímu provedení se uchovala ve své úplnosti až dodnes.

Poznámky:
1. Pozn. překl. - Ten, jenž je mírný a šlechetný.
2. Pozn. překl. - Ta, která vnímá zvuky světa.
3. Pozn. překl. - Diamantová bytost.
4. Pozn. překl. - Škola diamantového vozidla.
5. Pozn. překl. - ta je v Číně symbolizována žlutou barvou.

H历史年代表
HISTORICKE TABULKY

中国		世界历史大事年表	捷克历史时代	本展览展品图片
历史时代	公元纪年			
仰韶文化	约公元前5000~前3000年	公元前3100年左右，埃及形成统一的奴隶制国家		
夏	公元前2070~前1600年	公元前1894年，古巴比伦王国建立	公元前18世纪，青铜器时代初期	
商	公元前1600~前1046年			
西周	公元前1046~前771年		公元前9世纪，铁器时代	
春秋战国	公元前770~前221年	公元前6世纪，佛教在印度产生；公元前509年，罗马成立贵族专政的奴隶制共和国	公元前7~前5世纪，哈尔施塔特文化和和捷克境内博友部落	
秦	公元前221~前207年			
汉	公元前206~220年	公元前27年，屋大维建立罗马的元首制，共和国转为帝国；公元1世纪，基督教产生	喇登时代结束，捷克领土上最大的受保护住宅区建立	

中国		世界历史大事年表	捷克历史时代	本展览展品图片
历史时代	公元纪年			
三国两晋南北朝	220~589年	313年，基督教在罗马取得合法地位； 395年，罗马分裂为东西两部； 476年，西罗马帝国灭亡	4~7世纪，民族迁移	
隋	581~618年		6世纪，斯拉夫民族迁入	
唐	618~907年	622年，穆罕默德从麦加出走麦地拉，伊斯兰教纪元； 8世纪中，阿拉伯帝国形成； 843年，欧洲查里曼帝国分裂，法兰西、德意志、意大利雏形产生	833~906/907年，大摩拉维亚帝国	
五代十国	907~960年		907~935年，瓦茨拉夫公爵	
宋	960~1279年	962年，神圣罗马帝国建立； 1096~1291年，十字军东征	1085年，捷克第一位国王弗拉季斯拉夫二世； 1212年，西西里金牛宪章； 1306年，普热美斯王朝结束	
元	1271~1368年	14~16世纪，欧洲文艺复兴运动	1348年，查理大学成立； 1316~1378年查理四世； 1420~1434年，胡思战争	
明	1368~1644年			
清	1644~1911年	1775~1783年，北美独立战争，欧洲资产阶级革命	1552~1612年，鲁道夫二世； 1526~1804年，哈布斯堡王朝； 1867~1918年，奥匈帝国	

ČÍNA		VÝZNAMNÉ SVĚTOVÉ UDÁLOSTI	UDÁLOSTI ČESKÝCH DĚJIN	FOTOGRAFIE EXPONÁTŮ
HISTORICKÉ OBDOBÍ	LETOPOČET			
Kultura Jang-šao	Cca 5000 až 3000 př. n. l.	cca 3150 př. n. l. archaická doba, starověký Egypt		
Sia	2070 až 1600 př. n. l.	1894 př. n. l. - vznik Starobabylonské říše	18. století př. n. l., počátek doby bronzové	
Šang	1600 až 1046 př. n. l.			
Západní Čou	1046 až 771 př. n. l.		9. století př. n. l., doba železná	
Období Jara a Podzimu, Válčící státy	770 až 221 př. n. l.	6. století př. n. l., vznik buddhismu v Indii, 509 př. n. l., založení Římské republiky	7.-5. století př. n. l., halštatská kultura a kmen Bójů na českém území	
Čchin	221 až 207 př. n. l.			
Chan	206 př. n. l až 220 n. l.	27 př. n. l., Octavianus zakládá principát a mění republiku na císařství 1. století. n. l., vznik křesťanství	kolem přelomu letopočtu končí doba laténská	

HISTORICKÉ OBDOBÍ	ČÍNA LETOPOČET	VÝZNAMNÉ SVĚTOVÉ UDÁLOSTI	UDÁLOSTI ČESKÝCH DĚJIN	FOTOGRAFIE EXPONÁTŮ
Období Tří říší, Západní a Východní Ťin, Severních a jižních dynastií	220 až 589 n. l.	313, Edikt milánský a právní uznání křesťanských obcí, 395, rozdělení římské říše, 476, rozpad západořímské říše, 5. století, stěhování národů	4.-7. století, Stěhování národů	
Suej	581 až 618 n. l.		6 .století, příchod Slovanů	
Tchang	618 až 907 n. l.	622, odchod proroka Mohameda z Mekky do Medíny, od 8. století vzestup arabské moci a šíření islámu, 843, Verdunská smlouva a vznik státních útvarů na území pozdější Francie, Německa a Itálie	833–906/907, Velkomoravská říše	
Pět dynastií a deset království	907 až 960 n. l.		907-935, kníže Václav	
Sung	960 až 1279 n. l.	962, upevnění Svaté říše římské, 1096-1291, křížové výpravy	1085, první český král, Vratislav II, 1212, Zlatá bula sicilská, 1306, konec vlády Přemyslovců	
Jüan	1271 až 1368 n. l.	14. až 16. st. n. l. renesance v Evropě	1348, založení Karlovy univerzity, 1316-1378, Karel IV. 1420–1434, husitské války	
Ming	1368 až 1644 n. l.			
Čching	1644 až 1911 n. l.	1775-1783, americká válka za nezávislost, průmyslová revoluce v Evropě	1552-1612, Rudolf II., 1526–1804, habsburská monarchie, 1867–1918, Rakousko-Uhersko	

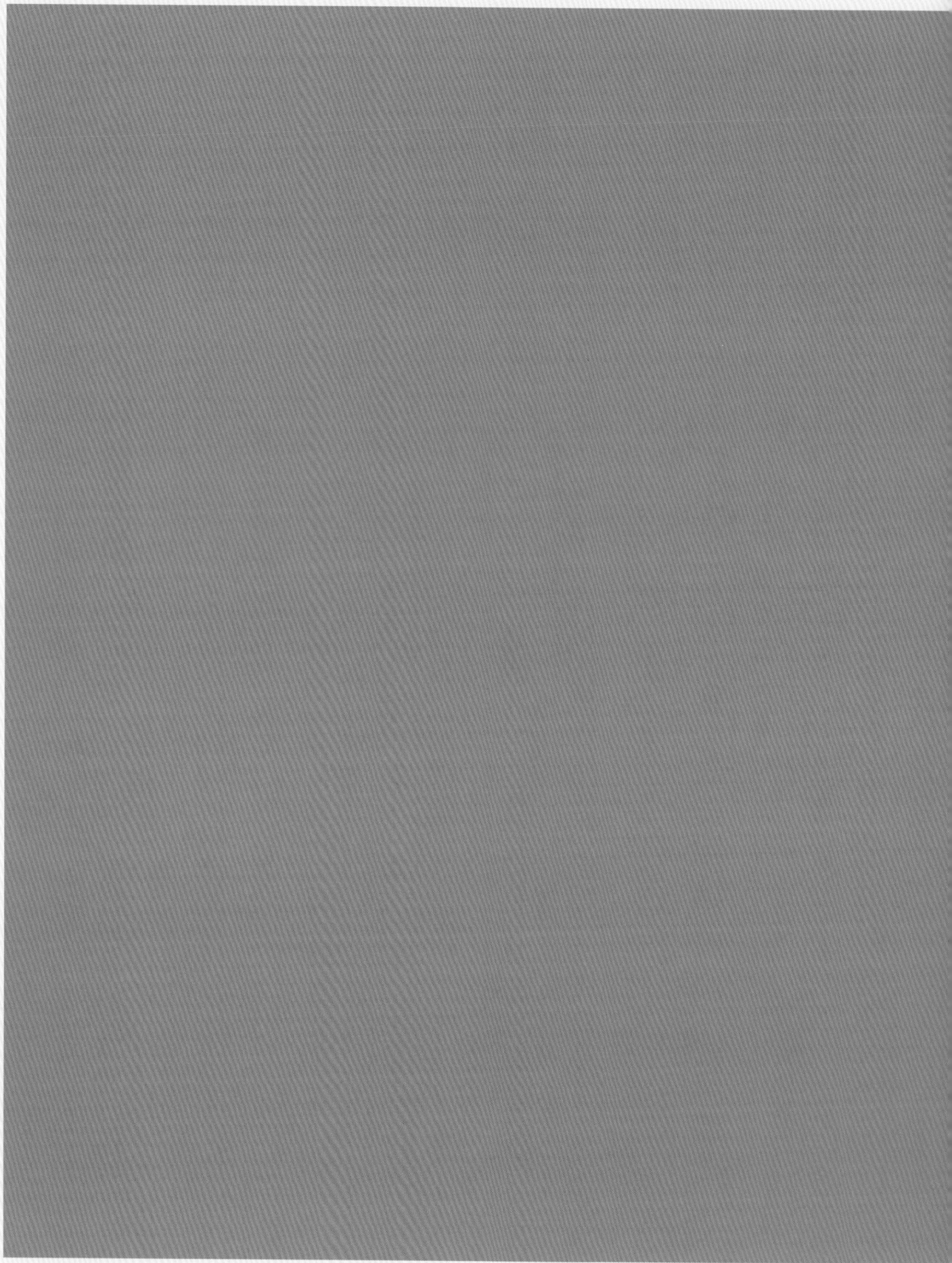

P 参展单位简介

PREZENTACE POŘADATELSKÝCH ORGANIZACÍ

陕西历史博物馆

三秦大地是中华民族生息、繁衍，华夏文明诞生、发展的重要地区之一，也孕育了中国历史上最为辉煌的时代，周、秦、汉、唐等13个王朝曾在这里建都，拥有丰富的文化遗存、深厚的文化积淀，文物数量多、种类全、品位高、价值大，被誉为"华夏珍宝库"和"中华文明的瑰丽殿堂"。陕西历史博物馆则是展示陕西历史文化和中国古代文明的艺术殿堂。

陕西历史博物馆位于西安大雁塔的西北侧，筹建于1983年，1991年6月20日落成开放，是新中国第一座大型现代化国家级博物馆，它的建成标志着中国博物馆事业迈入了新的发展里程。馆区占地65000平方米，建筑面积55600平方米，文物库区面积8000平方米，展厅面积11000平方米。馆藏文物多达37万余件，上起远古人类初始阶段使用的简单石器，下至1840年前社会生活中的各类器物，时间跨度长达100多万年。

陕西历史博物馆展厅展出文物精品2700多件，展线总长2300米，整个陈列分为序厅、基本陈列、专题展览和临时展览等几个部分。陕西历史博物馆的基本陈列是"陕西古代文明"，"大唐遗宝——何家村窖藏出土文物展"、"唐代壁画珍品馆"是该馆重要的常设专题展览。

HISTORICKÉ MUZEUM PROVINCIE ŠEN-SI

Oblast provincie Šen-si je územím zrození čínských národů. Je i kolébkou čínské civilizace a jedním z hlavních míst jejího dalšího vývoje. Na tomto území se odehrávaly nejvýznamější události třinácti čínských dynastií včetně dynastií Čou, Čchin, Chan a Tchang, které zde kdysi ustavily svá hlavní města. Skýtá tak veliké bohatství památek, které jsou vskutku prvořadým kulturním dědictvím. Pro množství památek téměř všech typů, vysoké úrovně a nesmírné hodnoty se pro toto místo vžila označení „Pokladnice Číny" či „Chrám čínské civilizace". Historické muzeum provincie Šen-si tak ukazuje historickou kulturu provincie Šen-si a umění staré čínské civilizace.

Historické muzeum provincie Šen-si leží na severozápad od Velké pagody divoké husy. Jeho stavba začala v roce 1983 a muzeum bylo otevřeno 20. 6. 1991. Šlo o první veliké moderní muzeum celonárodní úrovně v Číně a symbolizuje vstup čínského muzejnictví do nové etapy. Celková plocha areálu činí 65 tsíc metrů čtverečních, zastavěná plocha 55 600 metrů čtverečních. Areál depozitáře má plochu osmi tisíc metrů čtverečních a výstavní prostory jedenácti tisíc metrů čtverečních. Celkem ve svých sbírkách ukrývá více než 370 tisíc předmětů od jednoduchých kamenných nástrojů dávných počátků lidstva až po nejrůznější předměty ze života společnosti z doby do roku 1840, tedy z časového úseku pokrývajícího více než jeden milion let.

Ve výstavních prostorách Historického muzea provincie Šen-si je vystaveno přes 2700 předmětů. Prohlídková trasa měří celkem 2300 metrů, a je rozdělena do částí úvodní expozice, základního přehledu, tematických expozic a dočasných výstav. Historické muzeum provincie Šen-si je v základě rozděleno na „Starověké civilizace v provincii Šen-si", „Poklad z doby vlád dynastie Tchang - expozice památek odhalených v naleziišti Che-ťia-cchun" a „Skvosty tchangských fresek", což jsou témata významných trvalých expozic tohoto muzea.

南京市博物馆

　　南京是与西安、洛阳、北京齐名的中国四大古都之一，居中国东南富庶之地，处长江下游肥沃之野，据龙盘虎踞的地理优势，拥优美壮观的自然环境，是长江文明的肇始地之一，也曾为华夏文化的传播中心，有"六朝古都"、"十朝都会"之称。古老悠久的文化带来了丰富的地上、地下文物遗存。

　　南京市博物馆前身为新中国成立初期成立的南京市文物保管委员会，1978年正式挂牌为南京市博物馆。坐落在有"金陵第一胜迹"美誉的古建筑群——朝天宫。朝天宫是江南地区现存规模最大、建筑等级最高、保存最为完好的一组明清官式古建筑群，是全国重点文物保护单位之一。

　　南京市博物馆以保护民族优秀的历史文化遗产为己任，长期以来一直担负着南京地区的地下遗址和古墓葬的考古发掘与调查、文物的保护、藏品的征集与保管工作，目前馆内收藏有近10万件藏品，上溯远古，下迄民国，藏品内涵丰富，具有很高的历史、艺术和科学价值。这些丰富的文物，展示了南京在中国各个历史发展阶段的发展轨迹，展示了古都南京历史文化的成就，是南京历史的见证，是华夏文明的瑰宝。

　　根据古都南京的历史特点，南京市博物馆将六朝文物收藏列为重点，在南京地区众多明初开国功臣墓葬中的出土品也是本馆藏品的又一大重点。

MUZEUM MĚSTA NANKING

Nanking patří společně s městy Si-an, Luo-jang a Peking mezi čtyři historická hlavní města Číny. Rozkládá se v úrodné části jihovýchodní Číny na dolním toku Dlouhé řeky, které vyniká nádhernou přírodou. Jde o strategicky významné místo, kde se nachází jedna z kolébek tzv. civilizace Dlouhé řeky. Zde se od pradávna sdružovali talentovaní muži. Z těchto míst pocházela řada význačných státníků a umělců. V minulosti byla tato oblast několikrát centrem šíření čínské civilizace, a proto Nanking získal přízviska „Hlavní město šesti dynastií" nebo „Mocenské centrum deseti království". Tato dlouhá kulturní historie nám zanechala bohatství památek ať již v podobě architektury nad zemí či v archeologických nálezech.

Předchůdcem Muzea města Nanking byl Výbor pro ochranu památek města Nanking, jenž vznikl krátce po založení Čínské lidové republiky. V roce 1978 bylo muzeum oficiálně přejmenováno na Muzeum města Nanking. Sídlí v komplexu historických budov v Paláci Čchao-tchien-kung, který je často nazýván „Nejvýznamnější památka historického Nankingu". Palác Čchao-tchien-kung je nejlépe zachovaným, největším a nejvýznamnějším palácem v celé oblasti Ťiang-nan (delta Dlouhé řeky). Jedná se o komplex, který byl v době vlády dynastií Ming a Čching využíván jako sídlo vysokých úředníků a je jednou z nejdůležitějších památek celonárodního významu.

Posláním Muzea města Nanking je ochrana významných historicko-kulturních národních památek. Dlouhodobě se věnuje archeologickému průzkumu a exkavaci podzemních a hrobových památek, ochraně památek, získávání a ochraně sbírkových předmětů. K dnešnímu dni je ve sbírkách téměř sto tisíc předmětů, které počínají starověkem a končí obdobím republikánské Číny. Bohaté sbírky mají vysokou uměleckou, historickou a vědeckou hodnotu. Tyto památky poukazují na stopy, které zanechal Nanking v různých etapách historického vývoje Číny. Představuje také kulturní pozůstatky z historických období, kdy byl Nanking hlavním městem Číny, a které jsou svědectvím historie Nankingu stejně jako pokladem celé čínské kultury.

Vzhledem k tomu, že Nanking byl v historii hlavním městem, patří mezi priority muzea sbírky památkových předmětů z období Šesti dynastií. Druhou prioritou jsou předměty pocházející z hrobů z okolí Nankingu, kde byli pohřbeni přední představitelé státu z počátečního období dynastie Ming.

承德避暑山庄博物馆

　　承德避暑山庄位于河北省承德市市区北部，曾是清代皇帝处理政务、礼仪宴飨、游乐和生活的主要场所，是中国现存规模最大的古典皇家园林。始建于1703年，历经清康熙、雍正、乾隆三朝，耗时89年建成。与全国重点文物保护单位颐和园、拙政园、留园并称为中国四大名园。1994年12月，避暑山庄及周围寺庙（热河行宫）被列入世界文化遗产名录。

　　承德避暑山庄博物馆，坐落于避暑山庄内，是在原宫殿区基础上建立起来的。占地面积4万多平方米，建筑风格古朴典雅，是中国著名的清代宫廷历史类博物馆。

　　昔日避暑山庄在清王朝的政治地位和影响，决定了今天的馆藏文物品类，以宫廷御用珍宝为主，数量巨大、种类繁多、工艺精湛。藏品有瓷器、珐琅器、盆景、玉石器、漆木器、玻璃器、钟表、武备、金银器、金属器、书画、杂类、石器、陶器、货币、织绣16个品类。这些文物丰富多彩，历史脉络清晰，体现了深厚的文化底蕴，在时空的轮回中，与日俱增地彰显着历史、艺术、科学等方面的价值，承载着人类文明的记忆。

MUZEUM LETNÍHO CÍSAŘSKÉHO PALÁCE V ČCHENG-TE

Letní císařský palác v Čcheng-te leží v severní části města Čcheng-te v provincii Che-pej. Šlo o významné místo, kde císaři dynastie Čching řešili politické záležitosti, prováděli rituály, přijímali hosty, věnovali se zábavě i běžně žili. Jedná se o největší dochovaný původní zahradní královský komplex v Číně. Byl založen v roce 1703 a byl postaven během 89 let, kdy postupně vládli císaři Kchang-si, Jung-čeng a Čchien-lung z dynastie Čching. Spolu s dalšími třemi celonárodně prioritně chráněnými institucemi, Letním palácem (I-che-jüan), Zahradou pokorného politika (Čuo-čeng-jüan) a Zahradou otálení (Liou-jüan), patří mezi čtyři nejznámější čínské zahrady. V prosinci roku 1994 byl Letní císařský palác v Čcheng-te spolu s okolními chrámy zapsán na seznam světového dědictví UNESCO.

Letní císařský palác v Čcheng-te a jeho areál byl vybudován v místě původních paláců. Jde o slavné muzeum dvorské historie dynastie Čching s rozlohou přes40 tisíc metrů čtverečních a starobylou elegantní architekturou.

Politického postavení a vliv bývalého Letního císařského paláce na dynastii Čching určily i typ dnešních sbírkových předmětů, mezi nimiž převládají dvorské skvosty velikého množství a typů nejvyšší řemeslné úrovně. Mezi sbírkovými předměty nalezneme porcelán, emaily, nefrity, laky, skleněné předměty, hodiny, zbraně, zlaté a stříbrné předměty, kovové předměty, kaligrafie a obrazy, předměty z drahých kamenů, keramiku, mince, výšivky, bonsaje a další.

Tyto bohaté památky s dlouhou historií odkazují na hluboké kulturní pozadí, které se v čase a prostoru každodenním obohacováním proměňovalo tak, že se jejich historické, umělecké, vědeckotechnické a další hodnoty staly nositeli paměti lidské civilizace.

责任编辑　冯冬梅
责任校对　赵　宁
责任印制　陈　杰

图书在版编目（CIP）数据

华夏瑰宝 / 中国文物交流中心，捷中友好合作协会，
布拉格城堡管理中心编. -- 北京：文物出版社，2014.7
ISBN 978-7-5010-4037-7

Ⅰ.①华… Ⅱ.①中… ②捷… ③布… Ⅲ.①文物—
中国—图录 Ⅳ.①K870.2

中国版本图书馆CIP数据核字(2014)第146728号

华夏瑰宝

编　　者	中国文物交流中心	
	捷中友好合作协会	
	布拉格城堡管理中心	
出版发行	文物出版社	
地　　址	北京市东直门内北小街2号楼	
邮　　编	100007	
网　　址	http://www.wenwu.com	
电子邮箱	E-mail:web@wenwu.com	
制　　版	北京图文天地制版印刷有限公司	
印　　刷	北京图文天地制版印刷有限公司	
经　　销	新华书店	
开　　本	889毫米×1194毫米　1/16	
印　　张	11.75	
版　　次	2014年7月第1版第1次印刷	
书　　号	ISBN 978-7-5010-4037-7	
定　　价	198.00元	